Instagram Marketing-Strategy 4.0; Le manuel le plus complet pour améliorer votre profil, augmenter le nombre de vos followers et découvrir des stratégies de réussite

Michel Charron

• Introduction

Le marketing fait partie intégrante de toute entreprise. Que vous soyez propriétaire d'une agence, d'une boulangerie ou d'une concession automobile, je veux dire, quelle que soit votre activité, je suis absolument certain que vous avez intérêt à la faire connaître au plus grand nombre de personnes possible, n'est-ce pas ? Il est normal de vouloir voir son entreprise briller après toute la sueur qu'il faut pour la mettre sur pied et la faire fonctionner, et le marketing est justement ce qui veut courir au secours de ceux qui veulent élargir leur clientèle. Mais quelle est la meilleure façon de faire du marketing ? De nos jours, les canaux de communication sont si nombreux : il y a la radio, la télévision, les publicités en ligne, les sponsors sur YouTube, etc. Ce livre parle de l'une des plateformes les plus utilisées qui soient : Instagram.

Instagram est un réseau social qui fonctionne de manière très basique : vous publiez des photos et des vidéos, vous faites des directs, et vous pouvez vous connecter avec d'autres personnes. Au fur et à mesure que le temps passe, de nouvelles fonctionnalités apparaissent, et vous devez toujours vous mettre à jour pour ne pas prendre de retard. Mais est-ce vraiment si simple ? Faut-il vraiment se contenter de créer un compte Instagram, de poster quelques jolies photos, d'écrire une bio avec quelques emoji, et le reste se fera tout seul ? Malheureusement, ce n'est pas si simple. Ne vous laissez pas tromper par l'apparence simpliste de ce réseau social, pour développer un compte Instagram et trouver des clients, il faut connaître quelques astuces que tout le monde ne connaît pas. L'utilisateur disposant d'un compte personnel peut utiliser Instagram comme bon lui semble, mais une entreprise qui vise à élargir son audience, doit savoir se déplacer pour trouver des clients.

Instagram a connu une croissance véritablement exponentielle ces dernières années. Il s'agissait au départ d'une petite plateforme permettant de partager de simples photos et vidéos, et il compte aujourd'hui près d'un milliard d'utilisateurs actifs mensuels. Sa croissance a explosé lorsque Facebook l'a racheté et, à partir de ce moment, de plus en plus de célébrités du monde du cinéma, de la musique, etc. ont "migré" vers ce réseau social. La véritable raison pour laquelle je pense qu'Instagram est le meilleur réseau social pour le marketing aujourd'hui est qu'il y a tellement d'opportunités, et tellement de personnes qui peuvent apprendre à connaître votre marque. Cette plateforme donne naissance à tant d'entreprises prospères chaque jour, et elle est vraiment parfaite pour accroître la visibilité d'une personne sur le web. Un compte Instagram peut être utilisé pour vendre des produits, ou pour amener de nouveaux prospects vers une chaîne YouTube, une page Facebook, etc. En bref, il s'agit d'un outil assez polyvalent qui permet également une grande interaction avec votre communauté, et donc de renforcer la confiance de votre public.

À mesure qu'une personne développe son compte Instagram, elle construit sa communauté fidèle à la marque. La popularité d'Instagram augmente d'année en année, donc commencer à commercialiser sur ce social est la meilleure chose que vous puissiez faire en ce moment. Si vous avez acheté ce livre, c'est que vous avez certainement pressenti les grandes possibilités offertes par Instagram, et que vous avez décidé de ne pas passer à côté. Vous envisagez d'utiliser Instagram pour construire (ou renforcer) la présence de votre marque en ligne, ou pour constituer une communauté qui vous est fidèle.

Tout au long de ce livre, vous serez guidé pas à pas dans l'apprentissage de toutes les fonctionnalités d'Instagram que vous devez absolument connaître si vous voulez utiliser cette plateforme pour construire un profil social réussi. Bien sûr, vous n'êtes pas obligé de lire ce livre du début à la fin, il est structuré de telle sorte que vous pouvez parcourir la table des matières et lire ce qui vous intéresse le plus en premier. Quoi qu'il en soit, surtout si vous êtes nouveau sur Instagram, je vous recommande vivement de le lire dans son intégralité.

En écrivant ce livre, nous avons fait des suppositions sur vous, ce que nous supposons c'est que vous possédez déjà un smartphone, que vous avez déjà une marque et un type de contenu que vous voulez poster, et que vous voulez construire un profil qui n'est pas personnel. À partir de maintenant, nous allons explorer les connaissances dont vous avez besoin pour réussir sur Instagram. En bref, ce que vous voulez, c'est plus de couverture, plus d'adeptes, plus d'interactions avec votre contenu. Ceci étant dit, plongeons dans la théorie !

Créez votre profil

Une fois que vous avez téléchargé l'application Instagram sur votre smartphone ou votre tablette, la première tâche qui vous attend est de configurer votre profil. Le profil est très important car c'est la première impression que vous ferez à vos followers, et vous ne voulez pas qu'ils soient rebutés par un profil médiocre. Dans ce chapitre, nous allons nous pencher sur cette partie du marketing Instagram, en commençant par le nom d'utilisateur, la bio et tout ce qui fait partie du profil.

Il faut dire que votre profil sur Instagram n'est pas seulement la première impression que vous faites auprès des nouveaux utilisateurs, mais c'est la couverture avec laquelle vous vous présentez chaque jour aux followers qui vous suivent déjà. Tout d'abord, votre profil doit être *original, il* doit représenter votre entreprise et avoir une vraie personnalité. La pire chose que vous puissiez faire dans cette situation est de créer un profil similaire à tous les autres pour "jouer la sécurité". Cela ne fonctionne pas, car les gens sont fatigués de voir les mêmes vieux profils similaires, et ils veulent quelque chose qui montre du caractère.

Commençons par la structure. En quoi consiste un profil Instagram ? Il y a cinq composantes :

- Nom de l'utilisateur
- Nom (nous verrons plus tard la différence avec le nom d'utilisateur)
- Photos du profil
- Biographie
- Adresse web

Voyons maintenant en détail quelles sont les directives à suivre pour mettre en place efficacement chacun de ces composants.

• Le nom d'utilisateur et le nom

Votre nom d'utilisateur et votre nom sont les deux éléments les plus importants de votre profil Instagram, même si beaucoup de gens les considèrent comme acquis. Mais quelle est la source de leur importance ? Du simple fait que ces deux noms sont ce qui permettra aux gens de trouver votre profil sur Instagram. Au moment où les gens effectuent une recherche sur Instagram, l'application recherche dans les profils et ne scanne que le nom d'utilisateur et le nom des différents profils pour fournir des résultats.

Cela signifie que si le nom de votre marque est écrit dans la bio, et que votre nom d'utilisateur et votre nom n'apparaissent pas, personne ne trouvera votre marque. Si vous ouvrez n'importe quel profil Instagram depuis votre smartphone, vous remarquerez que le *nom d'utilisateur* est le nom placé en haut de l'application, tandis que le *nom* est le texte en gras qui se trouve sous la photo de profil.

- **Choisissez un nom d'utilisateur**

Au moment où vous créez un nouveau profil Instagram, il vous est demandé de choisir un nom d'utilisateur. Le nom d'utilisateur ne peut être modifié que 2 fois tous les 14 jours, mais il est très important de choisir un nom approprié dès le début, car il représente votre "place" sur Instagram, les gens associeront votre profil au nom d'utilisateur que vous avez. Si vous le modifiez, certaines personnes ne s'y retrouveront plus et ne pourront peut-être plus accéder à votre profil.

Le nom d'utilisateur sur Instagram est *unique*. Cela signifie que vous ne pouvez pas avoir le nom d'utilisateur "pincopallino" si quelqu'un l'a déjà choisi avant vous. Si le nom d'utilisateur de votre marque a été pris, et que vous voulez le réclamer, vous pouvez essayer de contacter Instagram. De toute façon, tout votre contenu, vos commentaires sous les posts d'autres personnes, vos messages et vos likes sont liés au nom d'utilisateur. En bref, c'est comme votre "numéro de sécurité sociale" Instagram, un code d'identification qui sert à vous retrouver rapidement.

Votre nom d'utilisateur sera utilisé par les autres utilisateurs lorsqu'ils voudront vous étiqueter (étiqueter signifie nommer une autre personne dans un message, avec un lien vers son profil). Si je voulais marquer le profil de "pincopallino", j'utiliserais "@pincopallino".

En outre, votre nom d'utilisateur apparaîtra dans les adresses web comme un lien vers votre profil. Par exemple, "http://instagram.com/pincopallino" serait l'adresse web du profil de "pincopallino". Si vous changez votre nom d'utilisateur, cette adresse web ne fonctionnera plus et beaucoup de gens ne pourront pas vous trouver.

Vous pouvez choisir votre nom d'utilisateur Instagram pendant la procédure d'inscription, mais vous pouvez également le modifier en vous rendant sur votre profil et en cliquant sur "Modifier le profil".

Choisissez le nom d'utilisateur idéal

Comme il est préférable de ne pas changer de nom d'utilisateur, ce moment requiert une attention particulière. Tout d'abord, le nom d'utilisateur de votre compte Instagram peut contenir un maximum de 30 caractères et ne doit être composé que de lettres, de chiffres, de traits de soulignement ("_") et de points (".").

Choisissez un nom d'utilisateur facilement lisible et surtout mémorable, qui représente clairement votre marque. Si vous êtes déjà sur d'autres sites de médias sociaux avec un certain nom d'utilisateur, la meilleure chose à faire est d'utiliser exactement le même nom d'utilisateur afin que les gens puissent vous trouver facilement.

Cependant, le nom d'utilisateur que vous souhaitez n'est pas toujours disponible, Instagram est une plateforme populaire et de nombreux noms d'utilisateurs ont déjà été pris. Au cours de la procédure d'inscription (ou lorsque vous modifiez le nom d'utilisateur de votre profil), vous verrez une coche dans la zone de texte si le nom d'utilisateur est disponible, ou une coche s'il ne l'est pas.

Si le nom d'utilisateur souhaité, par exemple "pincopallino", n'est pas disponible, vous pouvez ajouter un trait de soulignement ("pinco_pallino") ou un point ("pinco.pallino"). Vous pouvez également inventer d'autres solutions spécifiques à votre cas : si vous possédez pincopallino.it, vous pouvez également en faire votre nom sur Instagram. Sinon, vous pouvez aboutir à quelque chose comme "pincopallino_blog", et ainsi de suite.

Laissez libre cours à votre imagination et trouvez un nom d'utilisateur qui le soit :

- Facile à lire et donc facile à retenir
- Représentatif de votre marque

Vous verrez très peu d'entreprises prospères sur Instagram qui portent des noms comme "pincopallino_3928" ou "_.pincopallino._". C'est parce que ce sont des noms d'utilisateur :

- Trop complexes à retenir (séquences de points et de tirets, nombres aléatoires...)
- Non professionnel, plus adapté à un profil personnel

Au moment où vous vous inscrivez sur Instagram, des noms d'utilisateur pré-générés vous sont proposés. Dans la plupart des cas, ces noms d'utilisateur ne sont pas professionnels et je vous déconseille donc de les utiliser - inventez plutôt le vôtre.

Pour rappel, si le nom d'utilisateur que vous souhaitez utiliser a déjà été pris, mais qu'il s'agit d'une marque déposée vous appartenant, vous pouvez contacter Instagram via leur formulaire de contact pour tenter de revendiquer la propriété.

- ## Choisissez un nom

Votre nom Instagram est ce texte en gras qui apparaît sous votre photo de profil. C'est probablement la première chose qui tombe sous les yeux des visiteurs, et contrairement au nom d'utilisateur, vous pouvez l'embellir avec des emoji, des caractères spéciaux, des espaces, des majuscules, etc. La seule limite est votre imagination. De plus, comme ce nom n'est pas unique, cela signifie que vous pouvez choisir le nom "Pinco Pallino" même si quelqu'un d'autre l'utilise déjà.

Dans le champ du nom, vous pouvez aussi simplement écrire le nom de votre marque. Si dans le nom d'utilisateur vous l'avez écrit de manière "compressée" ("pincopallino"), dans le nom vous pouvez l'écrire de manière plus naturelle ("Pinco Pallino"). Ce nom s'affiche également lorsque votre profil apparaît dans les résultats de recherche d'Instagram, ce qui permet aux gens de vous trouver plus facilement.

Le nom, tout comme le nom d'utilisateur, est limité à 30 caractères, et ne doit pas toujours refléter votre nom d'utilisateur. Par exemple, si mon profil avec le nom d'utilisateur "pincopallino" représente ma marque de vente d'agrumes kilomètre zéro, dans le champ du nom je peux insérer "Vendita Agrumi Km Zero" ou "Agrumi Km 0 " avec un emoji final. De cette façon, vous augmentez les *mots-clés* qui aideront votre profil à apparaître dans les résultats des personnes qui recherchent des agrumes ou des produits similaires sur Instagram. Si vous avez assez d'espace, vous pouvez aussi utiliser "PincoPallino - Citrus Km 0". Dans les résultats de la recherche, votre nom d'utilisateur et votre nom de profil apparaîtront.

Le nom de votre profil est très polyvalent car il n'est pas lié à l'adresse web de votre profil. Vous pouvez donc le changer sans créer de confusion. Pour changer votre nom, allez dans votre profil et cliquez sur "Modifier le profil".

- ## Choisissez une photo de profil

Votre photo de profil est extrêmement importante pour votre présence sur Instagram, car elle est directement associée à votre identité. Chaque fois que vous publiez un contenu, qu'il s'agisse d'un message, d'une histoire ou d'un commentaire, votre photo de profil apparaît juste à côté de votre nom d'utilisateur. Il est également visible lorsque votre profil apparaît dans les résultats de recherche.

Je veux dire, c'est un peu le "visage" que vous portez sur Instagram, et c'est très important qu'il le soit :

- Mémorable
- Associé à votre marque

Bien que votre photo de profil soit modifiable, il est conseillé de la changer le moins souvent possible (dans l'idéal, elle ne devrait jamais être modifiée). Ce serait comme changer le visage de votre profil : vos fidèles vous retrouveront probablement le même, mais ils auront peut-être un peu plus de mal.

Si votre marque a déjà un logo bien établi, votre photo de profil devrait être ce logo. Si votre marque est déjà active sur d'autres plates-formes telles que Twitter, Facebook, YouTube, etc., vous devez trouver une photo de profil qui soit la même pour tous ces canaux de communication. De cette façon, vous créez une présence en ligne très cohérente, et vous serez beaucoup plus facilement reconnaissable devant de nouveaux adeptes.

N'oubliez pas que les photos de profil Instagram sont recadrées pour s'adapter à l'intérieur d'un cercle, alors assurez-vous que votre photo de profil correspond à un format similaire. Votre photo de profil est grande sur votre profil, mais elle est très petite dans la plupart des autres endroits où elle apparaît, alors assurez-vous qu'elle n'est pas trop "encombrée". L'image idéale est simple, et vous pouvez reconnaître le sujet même s'il est dans un petit format.

La taille idéale d'une image est de 1080 x 1080 pixels. Veillez à ne pas télécharger une image trop petite, car elle pourrait être floue. Si vous ne pouvez pas télécharger une image d'une résolution suffisante, vous devriez idéalement consulter un concepteur numérique qui pourra vous aider à créer un logo approprié. La photo de profil Instagram est importante, et en avoir une de faible résolution peut donner une impression peu professionnelle devant ceux qui visitent votre profil.

• Rédiger une biographie attrayante

La bio est cette petite description qui apparaît sous le nom lorsque vous visitez un profil. C'est généralement l'une des premières choses que les visiteurs regardent, et c'est l'occasion de dire quelque chose qui agira comme un "harpon" et capturera le visiteur.

La biographie (souvent appelée "bio"), n'offre pas beaucoup d'espace (la limite maximale est de 150 caractères), mais elle est suffisante pour créer un message convaincant. Une biographie doit:

- Envoyez le message que votre marque veut faire passer
- Fournir des informations importantes, le cas échéant (promotions, avis, etc.)

Souvent, les gens aimeraient écrire tout et n'importe quoi dans leur biographie. Le premier problème est qu'il n'y a matériellement pas assez d'espace (150 caractères doivent être utilisés à bon escient), le second problème est que, même s'il y avait de l'espace, le message serait très confus.

Avant de commencer à rédiger la bio de votre profil, choisissez quelques aspects clés liés à votre marque que vous souhaitez mettre en avant. Choisissez les aspects qui représentent le mieux votre marque et que vous voulez faire connaître aux gens dès qu'ils visitent votre profil. Une biographie bien rédigée sera un "aimant" pour les adeptes. Vous devez donc écrire quelque chose qui crée un lien émotionnel avec eux.

Jetez un œil à la bio de Coca-Cola Italia, par exemple : *"Il y a encore plus de goût ensemble. #OpenToBetter."* Il est simple et engageant, et crée un lien émotionnel avec le visiteur.

Un autre exemple très réussi est la biographie de Barilla Italia *"Quand nous ne trouvons pas les mots pour exprimer nos sentiments, nous pouvons le faire en préparant un plat de pâtes pour ceux que nous aimons ".*

Ces biographies représentent immédiatement le message de la marque en quelques mots, et le font d'une manière qui incite le visiteur à suivre le profil pour voir plus de contenu à l'avenir. L'insertion de hashtags est une excellente idée car elle précise clairement le positionnement de votre profil.

Seuls des êtres humains liront votre biographie, alors n'oubliez pas de la garder aussi "humaine" que possible. Laissez transparaître le côté émotionnel de votre entreprise, car la bio est vraiment l'occasion de faire entendre le ton de votre (ou de vos) voix.

N'oubliez pas non plus que la bio de votre profil Instagram est conçue pour être consultée principalement sur des appareils mobiles, et que vous devriez donc idéalement la créer depuis un smartphone afin d'avoir une idée précise de son aspect.

Vous pouvez également utiliser des emoji et des symboles (assurez-vous que tous les symboles sont visibles sur n'importe quel appareil) pour ajouter une touche de style à votre biographie. Toutefois, veillez à ne pas trop décorer avec ces éléments, car ils peuvent sembler non professionnels lorsqu'ils sont présents en abondance. Cependant, un ou deux emoji bien placés peuvent créer une originalité qui vous permettra de vous démarquer des autres profils. Il existe de nombreux types d'emoji, vous pouvez choisir d'utiliser les plus drôles et les plus enfantins, ou ceux qui représentent des objets.

Enfin, les hashtags sont un élément que vous pouvez inclure dans votre bio. Pour ceux qui ne sont pas familiers avec ces éléments, les hashtags sont des mots précédés d'un dièse (par exemple "#wineitalian") qui sont inclus dans la description des posts pour regrouper le contenu d'une même catégorie. Par exemple, si vous publiez un post avec une photo de votre chien, vous pouvez ajouter quelques hashtags tels que "#chiens", "#terrier", "#animaux". Ainsi, une personne qui recherche ces hashtags sur Instagram trouvera tous les posts qui les contiennent.

Vous pouvez ajouter des hashtags dans votre bio, mais vous ne devez le faire que s'ils sont très liés à votre marque. Dans tous les cas, **vous devriez en mettre un, ou deux au maximum**. Un trop grand nombre de hashtags dans votre bio peut être un signal d'alarme pour les visiteurs potentiels, car cela donne l'apparence d'un profil "spam" (un profil qui fait de la publicité de manière agaçante ou trompeuse). Idéalement, il ne devrait y avoir qu'un seul hashtag. Dès qu'une personne clique sur un hashtag, elle est redirigée vers une autre page contenant des messages liés à ce hashtag. Il est donc possible qu'en cliquant ici et là, une personne soit déplacée de votre profil. C'est exactement la raison pour laquelle il est idéal de ne conserver les hashtags dans votre bio que s'ils sont étroitement liés à votre marque et que vous tenez à les inclure.

- ## Ajoutez une adresse web à votre biographie

Aujourd'hui, la plupart des entreprises, même les plus petites, ont un site web où elles affichent des informations sur leur activité, les services qu'elles proposent, quelques mentions de leur histoire, un formulaire de contact, ou c'est tout simplement sur le web qu'elles vendent des produits et des services. Quoi qu'il en soit, il est très utile d'utiliser votre profil Instagram pour générer du trafic vers votre site web, et la meilleure façon de le faire est d'ajouter l'adresse web à votre profil.

Pas seulement vers votre propre site web, mais aussi vers votre chaîne YouTube, votre profil Twitter, votre page Facebook ou la page de votre livre sur Amazon. Vous pouvez inclure un lien vers n'importe quoi depuis votre page Instagram. Ce lien est important et doit être utilisé à bon escient, car c'est le seul endroit où vous pouvez inclure un lien sur Instagram. Le filtre anti-publicité interdit les liens cliquables dans les messages ou les commentaires, donc si vous avez un lien important à montrer à vos visiteurs, la bio est l'endroit idéal pour le mettre.

Pour ce faire, il suffit de cliquer sur votre profil, puis sur "Modifier le profil", et vous trouverez la zone de texte permettant d'inclure une adresse web à votre profil. Vous pouvez modifier cette adresse quand vous le souhaitez. Vous n'aurez donc aucun souci à vous faire si vous changez d'avis à l'avenir. Si vous avez un profil de créateur ou d'entreprise, vous aurez la possibilité d'utiliser les outils analytiques qu'Instagram met à votre disposition pour savoir combien de personnes cliquent sur votre lien.

- **Passez à un profil d'entreprise ou de créateur sur Instagram.**

Si votre profil est représentatif de votre entreprise, ou si vous êtes un photographe, un vidéaste, un influenceur, et que vous voulez partager le contenu que vous créez, alors il est très pratique de faire un changement de profil. Dans le premier cas, la meilleure chose à faire est de passer à un profil de société, dans le second cas, un profil de créateur est plus approprié.

Mais quels sont les avantages de ces profils ? Ils vous permettent d'utiliser Instagram Insights (l'outil permettant de suivre l'évolution du profil et les interactions des utilisateurs de manière professionnelle) et d'utiliser des publicités sur Instagram. En outre, vous pouvez également utiliser Instagram depuis votre ordinateur, et avoir une bio plus efficace, puisque vous pouvez ajouter des boutons visibles par les visiteurs pour passer un appel ou envoyer un courriel. Vous pourrez également faire usage d'Instagram Shopping pour vendre vos produits.

Si vous souhaitez activer votre profil professionnel, allez dans *Paramètres, puis* cliquez sur *Comptes,* puis descendez jusqu'en bas et cliquez sur *Passer à un compte professionnel.* Cela fait, suivez les étapes et choisissez le type qui vous convient le mieux. Ça y est, en un rien de temps, vous avez créé votre compte professionnel sur Instagram, maintenant ça devient sérieux.

Créer un contenu unique

Dans ce chapitre, nous allons voir ce que vous devez faire pour créer un contenu unique à publier sur votre profil Instagram. Très souvent, les entreprises pensent que dépenser de l'argent en publicité est suffisant pour développer leur profil, mais elles oublient un petit détail qui est extrêmement important : le contenu ! Vous ne pouvez pas vous attendre à poster des photos floues, mal retouchées ou qui ne sont pas liées à votre activité ou à votre créneau, sinon les gens ne vous suivront pas.

La publicité est censée être le moyen d'attirer davantage de visiteurs sur votre profil, mais ce qui intéresse vraiment les utilisateurs d'Instagram, c'est le contenu que vous publiez régulièrement. Alors, passons en revue la manière dont vous pouvez publier du contenu sur Instagram.

• Publier du contenu sur Instagram

Vous pouvez uniquement publier du contenu à partir de l'application Instagram. Lorsque vous ouvrez l'application, vous trouverez un signe + au milieu des boutons de navigation en bas (parfois, il se trouve ailleurs sur l'écran du flux). Une fois que vous aurez appuyé dessus, vous aurez accès à votre rouleau de photos, où vous pourrez choisir la photo ou la vidéo que vous souhaitez publier. Vous trouverez également une petite icône représentant un appareil photo, qui vous permettra de prendre des photos ou d'enregistrer des vidéos directement depuis l'application.

Une fois que vous avez choisi une photo (ou en avez pris une), en regardant vers le bas, vous remarquerez que vous pouvez choisir des filtres à appliquer. Vous pouvez choisir l'un des filtres si vous le souhaitez, et en double-cliquant sur l'un d'entre eux, vous pouvez décider de l'intensité avec laquelle vous souhaitez l'appliquer. En appuyant plutôt sur le bouton *Editer, vous aurez la* possibilité de régler plusieurs paramètres de la photo, tels que la saturation, la luminosité, etc. Dans le cas des vidéos, vous avez deux possibilités : *Cut* (qui vous permet de raccourcir la vidéo à votre guise) et *Cover* (qui vous permet de choisir un moment de la vidéo que les gens verront avant qu'elle ne commence).

Vous pouvez également cliquer sur le bouton *Sélection multiple, afin de* sélectionner plusieurs photos à publier (le maximum est de dix). Une fois que vous avez choisi le contenu à publier et que vous l'avez modifié à votre convenance, il ne vous reste plus qu'à cliquer sur *Suivant*, et vous vous retrouverez sur le dernier écran avant de publier votre contenu.

À ce stade, plusieurs choix s'offrent à vous :

- **La description** : il s'agit d'une partie très importante de votre message, et nous verrons plus tard comment en rédiger une efficace pour la croissance de votre profil. Pour l'instant, sachez simplement qu'il a une limite maximale de 2200 caractères, et que vous pouvez l'envelopper manuellement en appuyant sur les chiffres puis sur *Entrée.*

- **Marquer des personnes** : cette fonction vous permet de marquer des personnes directement à partir de votre photo. Vous pourrez cliquer sur l'endroit de votre choix, puis taper le nom d'utilisateur de la personne que vous voulez étiqueter. Lorsque vous marquez une personne dans votre publication, Instagram fait savoir à cette personne qu'elle a été marquée. En général, c'est un excellent moyen de se faire de la publicité auprès des autres utilisateurs, mais il est bon de ne le faire qu'après s'être mis d'accord, sinon le geste pourrait être indésirable.

- **Ajouter un** emplacement : en cliquant ici, vous serez invité à autoriser l'accès à votre emplacement, mais vous n'êtes pas tenu de l'accorder. Vous pouvez aussi simplement refuser, et choisir n'importe quel lieu dans la barre de recherche. Les lieux fonctionnent à peu près de la même manière que les hashtags : si une personne recherche "Milan" sur Instagram, elle trouvera tous les posts qui sont situés à Milan. C'est donc un excellent moyen de faire connaître votre marque, et il est intéressant de l'utiliser chaque fois que cela est possible.
  Vous pouvez également être plus spécifique et ajouter "Trattoria da Luigi" à votre message, de cette façon toute personne recherchant ce lieu verra les meilleurs messages liés à celui-ci. Si le lieu que vous recherchez ne figure pas dans la liste des options proposées par Instagram, il suffit d'appuyer sur le champ *Ajouter un lieu* et de commencer à taper le nom du lieu pour l'ajouter.

- **Partager l'article** : Instagram vous permet de partager votre publication sur Facebook, Twitter et Tumblr. Il est clair que si vous avez un profil sur l'un de ces réseaux sociaux, c'est une excellente idée d'y publier des messages également, afin de générer du trafic vers votre profil Instagram.

- **Paramètres avancés** : en cliquant sur *Paramètres avancés*, vous pouvez choisir de nombreuses autres options pour votre message. Tout d'abord, vous pouvez masquer le nombre de likes et de vues (pour les vidéos) de votre message. Vous pouvez également désactiver les commentaires, sélectionner l'option qui permet de partager automatiquement votre contenu sur Facebook et rédiger un texte alternatif pour les personnes souffrant de déficiences visuelles.

Maintenant que nous avons vu les options qu'Instagram nous donne pour publier notre post, allons voir la partie la plus importante de la publication : la description.

• Rédiger une description efficace

Cela peut sembler évident, mais la description (souvent aussi appelée "légende") est la partie la plus importante de votre post Instagram. Tout d'abord, vous devez comprendre quelle doit être la longueur de la légende d'un message, mais avant cela, voyons à quoi sert réellement la description.

La description est destinée à donner un contexte à l'article, afin que les internautes comprennent ce qu'ils voient. Si vous publiez des photos et des vidéos spectaculaires, mais que vous n'ajoutez pas de description, vos spectateurs risquent d'être désorientés. Si vous publiez une photo des vins de votre établissement, mais que vous n'écrivez rien à leur sujet, les gens pourraient penser qu'il s'agit de n'importe quel vin. Il ne suscite pas beaucoup de curiosité, et les gens seront moins incités à le commenter et à l'aimer (moins d'interactions = moins de popularité). Lorsque la description est absente, les gens ne savent pas quoi penser de l'article et passent à autre chose.

• Quelle doit être la longueur de la description ?

Cela dépend beaucoup du style que vous souhaitez avoir. En règle générale, il est préférable d'écrire quelques lignes de plus plutôt que quelques lignes de moins. De cette façon, il sera plus facile de faire naître l'"étincelle" chez le spectateur qui commentera votre message. Certaines personnes utilisent Instagram comme une sorte de blog, et rédigent de très longues descriptions.

Cependant, d'autres pages utilisent des descriptions très courtes, mais accrocheuses. Une seule phrase d'une ou deux lignes peut avoir un effet important sur le lecteur. Ces phrases, plutôt qu'informatives, doivent susciter des émotions.

- **Que dois-je écrire dans la description ?**

Comme nous l'avons mentionné, la description doit ajouter du contexte au contenu. Vous pouvez écrire une anecdote, courte ou longue, ou une simple blague, une phrase célèbre, etc. La seule limite est votre créativité : l'objectif doit être d'aider les gens à tirer le meilleur parti de votre vidéo ou de votre photo, et de stimuler les interactions.

- **Comment la description doit-elle être formatée ?**

Pour assurer une meilleure lisibilité, il est préférable de diviser les textes longs en paragraphes. N'oubliez pas qu'un paragraphe peut ne comporter que deux ou trois lignes ! Un long texte sans paragraphes peut être très difficile à lire, et les gens peuvent être frustrés et s'en aller.

Si vous voulez utiliser des emoji, vous êtes très libre de le faire ! Ils rendent le texte plus vivant et aident à transmettre des émotions au lecteur. Toutefois, veillez à ne pas en utiliser trop, car elles peuvent donner un aspect trop "enfantin".

Sachez qu'Instagram coupe toutes les descriptions après deux ou trois lignes de texte. Cela signifie que si votre description dépasse la limite, un bouton "Plus" apparaîtra pour que l'utilisateur puisse appuyer sur ce bouton pour lire le reste. Si vous voulez absolument que votre description soit visible d'un seul coup d'œil, pensez à la raccourcir.

Si vous souhaitez rédiger une description un peu plus longue et détaillée, veillez à réserver les deux ou trois premières lignes à une introduction accrocheuse qui encourage le visiteur à lire l'intégralité du texte. Vous pouvez poser une question ou utiliser des emoji pour inciter les gens à poursuivre leur lecture.

- **Appel à l'action**

Sur Instagram, vous ne pouvez pas mettre de boutons sur votre post, et donc, la seule façon d'obtenir une interaction avec vos followers est d'ajouter un call-to-action dans la description.

Mais qu'est-ce qu'un appel à l'action ? Ce terme signifie littéralement "appel à l'action", et il s'agit d'un petit morceau de texte préparé et généralement placé au début du message pour inciter les internautes à faire quelque chose (comme acheter votre produit, vous suivre, visiter votre chaîne YouTube...).

Les appels à l'action (CTA) fonctionnent mieux lorsqu'ils sont aussi simples que possible, car les gens ont tendance à faire des gestes simples lorsqu'ils sont sur Instagram. Voici quelques exemples d'appels à l'action : "Cliquez sur le lien dans la bio" ou "Laissez un commentaire et dites-moi ce que vous en pensez".

L'objectif du CTA est d'être très simple et d'aller droit au but. Si vous essayez de dire "Google mon site, puis cliquez ici, puis visitez cette page, puis inscrivez-vous", je vous assure que personne ne le fera. Mais si vous incluez le lien dans votre profil, et que le CTA devient "Cliquez sur le lien dans la bio pour vous inscrire", alors il y aura beaucoup plus de personnes prêtes à le faire. Un CTA est généralement le moyen le plus simple de déplacer vos followers Instagram vers des sites externes, voire de les guider pour qu'ils effectuent des interactions avec votre profil.

- **Marquer des personnes dans les messages**

Comme nous l'avons vu précédemment, au cours du processus de publication de l'article, vous pouvez marquer des personnes à des endroits précis des photos. Quant aux vidéos, vous pouvez les marquer à l'intérieur de celles-ci, mais vous ne pouvez pas choisir où exactement. Vous pouvez également marquer une personne directement à partir de la description des messages, en écrivant un @ et en le faisant suivre du nom d'utilisateur de la personne en question.

Par exemple, vous pouvez écrire "J'ai passé une excellente journée avec @pincopallino aujourd'hui". Si vous le souhaitez, vous pouvez marquer une personne à la fois sur la photo et dans la description. Dans tous les cas, ils recevront une notification indiquant qu'ils ont été marqués.

- **Utilisation des hashtags**

Les hashtags sont l'un des meilleurs moyens de sortir du statut de "profil inconnu" et de commencer à gagner du terrain sur Instagram. Les hashtags commencent par le signe #, suivi du nom du hashtag. Il y a les hashtags #italy #instagram #sunshine #sanremo #videogames etc ; aussi, si un hashtag n'existe pas, vous pouvez l'inventer !

Quel est l'avantage des hashtags ? Disons que vous écrivez le hashtag #vinifrances dans votre message. Désormais, toute personne qui recherche le même hashtag dans la barre de recherche d'Instagram aura une chance de voir votre post. Cela ne signifie pas pour autant qu'ils verront votre message !

Lorsque l'on regarde la collection de messages liés à un hashtag, il y a deux panneaux : "Meilleurs messages" et "Messages récents".

La première catégorie rassemble tous les messages les plus populaires (avec le plus d'interactions, c'est-à-dire les likes, les commentaires et les partages) qui sont liés au hashtag. Le second, comme vous pouvez le deviner, contient les messages les plus récents liés au hashtag.

Bien sûr, ce que nous souhaitons pour que notre profil soit très visible et gagne ainsi en popularité, c'est de figurer dans la catégorie des "meilleurs messages", n'est-ce pas ? De cette façon, c'est comme si nous étions dans la "vitrine", et de nombreuses personnes pourront voir votre message, puis visiter votre profil.

Afin de pouvoir être compétitif, vous devez choisir des hashtags qui ont moins de messages. Lorsque vous tapez un hashtag sur Instagram, un petit menu contextuel vous indique le nombre de publications sur ce hashtag. À ce jour, le hashtag "#wine" compte 14 millions de messages ; si votre profil est relativement petit, voire nouveau, je dirais que la concurrence est rude.

Il est peut-être préférable d'opter pour un hashtag un peu plus "niche", par exemple :

- #vinoitaliano : 589 mille posts - Encore trop élevé
- #vinoitalia : 5 mille posts - Très bien !
- #vinoitaly : 500 messages - Jusqu'à un nouveau profil !

C'est exactement de cette manière que vous pourrez "grimper au sommet" sur Instagram : en utilisant des hashtags progressivement plus populaires. Je sais que ce serait bien de rivaliser avec les plus grands profils tout de suite, mais si vous voulez partir de zéro, concentrez-vous sur les hashtags avec 500/1000 posts. Lorsque vous atteignez 2 000 followers, vous pouvez passer à 5 000/8 000 posts, et ainsi de suite. Vous pouvez également faire des tests pour voir quels hashtags conviennent à votre niveau de croissance et lesquels ne conviennent pas.

Les hashtags peuvent être placés au bas de la description, mais aussi entre les mots (par exemple : "Nous avons goûté ce #vin aujourd'hui"). Vous pouvez également placer un commentaire sur votre post qui contient tous les hashtags, afin de conserver une description plus propre.

- **Hashtags : quand faut-il les poster ?**

Si vous voulez tirer parti de l'utilisation des hashtags, le seul moment utile pour les ajouter est pendant la publication du message, ou au moins dans les premières minutes. Contrairement à ce que beaucoup de gens disent, ajouter des hashtags à un post plusieurs jours après sa publication ne donne pas de "boost" au post. Pour cette raison, veillez à ajouter des hashtags immédiatement, ou dans les minutes qui suivent la publication.

- **Hashtags : combien puis-je/doit-on en mettre ?**

La quantité maximale de hashtags autorisée dans un post est de 30. Une fois la limite atteinte, les hashtags supplémentaires ne seront pas pris en compte par la recherche Instagram. Cela signifie-t-il que vous devez utiliser les 30 hashtags ? Pas vraiment. L'algorithme d'Instagram est de plus en plus habile à repérer les profils de spam, et l'utilisation des 30 hashtags semble être un drapeau rouge pour un profil. Le nombre idéal de hashtags se situe entre 8 et 12.

Les trois règles à garder à l'esprit lorsque vous choisissez des hashtags pour votre profil sont les suivantes :

1. **Changez la quantité** : n'utilisez pas le même nombre de hashtags dans chaque post. Si aujourd'hui vous utilisez 8, demain utilisez 10, le jour suivant 9, et ainsi de suite. En bref, changez la quantité pour que l'algorithme d'Instagram reconnaisse l'originalité de votre contenu.

2. **Changez l'ordre** : n'utilisez pas toujours le même ensemble de hashtags, au contraire, pour chaque post que vous faites, changez leur ordre et faites savoir à l'algorithme que vous ne copiez et collez pas la même chaîne de hashtags.

3. **Différenciez** : pour chaque post que vous faites, essayez de différencier et d'utiliser des hashtags qui décrivent la photo de manière générique, et des hashtags plus spécialisés. Par exemple, pour une photo d'un vin blanc, vous pouvez utiliser des hashtags génériques comme #wine #wine shop #vinology #wines, puis des hashtags plus précis comme #winewhite #chardonnay.

Une fois que les hashtags font partie intégrante de votre profil, vous commencerez à voir beaucoup plus de nouveau trafic arriver et interagir avec vos posts.

Créer une communauté

Développer votre profil, augmenter vos followers, vos interactions, et en bref, construire une communauté, est l'objectif numéro un de toute entreprise présente sur Instagram. Je suis sûr que vous avez déjà entendu parler de certains sites ou logiciels capables de donner à votre profil plus de 20 000 followers en un seul clic, ou de programmes similaires qui vous promettent plus de likes, plus de commentaires, etc.

Tu veux mon avis ? Restez à l'écart de ces programmes. Je sais qu'ils peuvent sembler très tentants, car ils vous permettent de réaliser en quelques minutes ce que certaines personnes peinent à faire pendant des années. Cependant, l'utilisation de ces logiciels pose essentiellement deux problèmes:

- **Ils sont interdits par Instagram** : dans ses conditions générales, Instagram interdit explicitement l'utilisation de tout logiciel d'automatisation de profil, et des logiciels qui " donnent " des likes, des commentaires, des followers, des vues de stories, etc.
  Certaines personnes les utilisent et s'en sortent pendant un certain temps, mais *croyez-moi*, ça ne dure pas éternellement. Tôt ou tard, leur compte est rappelé, et après quelques rappels, il est bloqué définitivement. Cela arrive à tous ceux qui essaient des "raccourcis" tôt ou tard. Face à cela, de nombreux logiciels ont commencé à dire qu'ils sont "invisibles" pour l'algorithme d'Instagram, mais ce n'est pas vrai - ils sont tout aussi dangereux pour votre profil.

- **Ils ne vous aident pas** : même si Instagram ne pouvait vraiment pas découvrir ces tactiques illicites, votre profil ne serait pas positivement affecté par une croissance "gonflée". Vous aurez des milliers de followers en quelques instants : mais interagiront-ils avec votre contenu ? Bien sûr que non, ce sont des faux comptes. Ils n'aimeront pas votre contenu, ils ne laisseront pas de commentaires intéressés par votre contenu, ils ne partageront pas, ils n'achèteront rien, et ainsi de suite. En bref, avoir des "chiffres élevés" est inutile en soi, ce dont vous avez besoin, c'est d'une véritable communauté saine, fidèle et intéressée par votre marque, même si elle est petite.

Bref, comme dans la plupart des secteurs, les "raccourcis" ont les jambes courtes, et ceux qui les utilisent se retrouvent souvent avec un profil bloqué par Instagram, ou un engagement (taux d'interaction avec les posts lié à la quantité de followers) trop faible.

Au cours de ce chapitre, nous allons voir comment vous pouvez construire une communauté au sein d'Instagram en respectant les règles, et surtout de manière organique (et non " gonflée "). N'oubliez jamais que ce n'est pas tant la quantité de f lowers qui compte, mais leur qualité, c'est-à-dire la quantité d'interactions qu'ils c avec votre profil. Vous comprendrez comment découvrir les personnes qui ne vo suivent pas en retour, comment construire une communauté qui est fidèle à vot marque, qui la soutient et qui la fait prospérer.

Si vous venez de rejoindre Instagram, et que votre compte n'a toujours pas de fo lowers, vous vous sentez probablement perdu. Au début, on a l'impression d'êt seul au milieu d'une mer de gens, et trouver quelqu'un qui nous suive et interagis avec nous ne semble guère plus qu'un rêve. Cependant, il existe plusieurs moyen efficaces de briser la glace avec ce réseau social et de commencer à établir vos pre miers contacts avec d'autres personnes : voyons-les un par un.

- **Synchronisation de la liste de contacts**

L'application Instagram est dotée d'une fonctionnalité qui synchronise les contact de votre carnet d'adresses avec leurs profils Instagram (à condition qu'ils soien abonnés, bien sûr). Une fois cette fonctionnalité activée, vos contacts seront syn-chronisés avec votre compte Instagram, et vous recevrez une notification dès que l'un d'eux s'inscrira. Cela ne signifie pas qu'Instagram suivra automatiquement vos contacts, ni qu'il effectuera des actions en votre nom. Vous pourrez également dé-sactiver cette fonction à tout moment.

Pour activer la synchronisation des contacts, il suffit d'aller sur votre profil depuis l'application, d'appuyer sur les trois lignes horizontales en haut à droite, puis sur "Personnes suggérées", et enfin sur "Connecter les contacts".

À ce stade, vous devriez immédiatement voir la liste de vos contacts qui sont actuel-lement abonnés à Instagram.

Si un jour vous changez d'avis et souhaitez déconnecter votre carnet d'adresses de votre compte Instagram, vous devrez retourner sur votre profil, appuyer sur les trois lignes horizontales, puis sur "Paramètres" > "Comptes" > "Synchronisation des con-tacts", puis désactiver la connexion du carnet d'adresses.

• Trouver de nouvelles personnes

Si vous avez un compte professionnel pour votre marque, vous n'avez peut-être pas envie de suivre vos amis, votre famille et vos connaissances. Après tout, vous parlez d'affaires, et vous avez généralement un nombre limité de personnes dans votre carnet d'adresses. C'est pourquoi il est nécessaire d'élargir vos horizons et d'aller chercher de nouveaux followers sur Instagram, essentiellement des personnes du monde entier que vous ne connaissez pas.

Cela soulève la question suivante : comment savoir qui nous devons suivre ? L'astuce consiste à rechercher des personnes qui ont montré un intérêt pour notre niche en fonction de leurs interactions sur Instagram.

Il existe plusieurs façons de trouver de nouvelles personnes sur Instagram, et la première que nous allons examiner est l'utilisation de la page Explore.

• Utilisation de la page Explore

Instagram est un réseau social qui mise sur l'interaction et la croissance. Ce qui se passe chaque jour sur Instagram, c'est que des millions de personnes publient du contenu, qu'il s'agisse de posts, de stories, de bobines, etc. Cependant, tous les messages ne sont pas mis en première page, et je parie que vous ne voyez pas non plus les messages de toutes les pages que vous suivez. En effet, l'algorithme du réseau social est une machine qui a pour mission de sélectionner les messages ayant le plus d'interactions et de les mettre en avant par rapport aux autres.

La page Explore est la "vitrine" ultime d'Instagram. C'est là que se trouvent les photos et les vidéos les plus performantes de ces derniers temps. Si l'une de vos publications se retrouve sur cette page, elle bénéficiera d'une grande visibilité. Toutefois, ne pensez pas que la page Explore est la même pour tous, son contenu varie en fonction de vos centres d'intérêt. Par exemple, si vous interagissez habituellement avec des messages sur la gastronomie et les vins, vous verrez les messages les plus performants sur ces deux niches. Au contraire, si vous êtes passionné de moteurs et que vous interagissez avec des pages qui publient des photos de voitures, ce sera le contenu principal de votre page Explore.

Pour ouvrir la page Explore, cliquez sur l'image de la loupe en bas, puis recherchez du contenu en rapport avec votre créneau, et mettez quelques likes. En outre, commentez les articles et dites quelque chose d'authentique pour apparaître dans la section des commentaires et obtenir ainsi de la publicité. La clé est de commencer à interagir avec d'autres personnes et de "leur faire savoir que vous existez" afin qu'elles soient curieuses et jettent un œil à votre profil.

Une suggestion concernant les commentaires : évitez l'erreur que font de nom breuses personnes, qui consiste à laisser des commentaires du type "Wow" "Magni fique" "Fantastique !", car ils sont très futiles et, pire encore, automatiques. Il y a d gens qui utilisent des programmes pour commenter automatiquement sous les me sages, et le résultat est clairement des commentaires dépourvus d'émotion ou d'or ginalité. Essayez de dire quelque chose d'authentique et en rapport avec la phot peut-être à propos d'un détail, montrant ainsi que vous avez un véritable intér pour le contenu. Mieux encore, stimulez la discussion, afin de pouvoir interagir à u niveau plus profond avec d'autres personnes, et commencez à construire une imag de profil qui va au-delà d'un simple tableau de photos, mais qui est la représentatio d'une personne ou d'un groupe de personnes.

Éventuellement, visitez le profil des autres personnes qui ont commenté et aime certaines de leurs photos, ou suivez-les. Une fois que vous commencez à les suivre vous verrez des profils similaires aux leurs qui sont suggérés par Instagram.

• Utilisation de la recherche

Un autre moyen très efficace de trouver de nouvelles personnes sur Instagram et d'établir une communauté pour votre marque est d'utiliser la fonction de recherche. Pour utiliser la recherche sur Instagram, rendez-vous sur la page Explore et regardez vers le haut - vous trouverez une barre de recherche.

Commencez à taper dans la barre et vous trouverez quatre panneaux qui décomposent les différents types de résultats de recherche :

- **Principal :** permet de trouver les comptes avec lesquels vous interagissez souvent, suivis des comptes avec lesquels vous avez interagi le plus récemment. Pour trouver de nouveaux adeptes, recherchez un sujet ou un mot clé lié à votre créneau. Par exemple, si vous tapez "vin" ou "caviste", vous trouverez des comptes dont le nom d'utilisateur contient ce mot. Vous pouvez ensuite rechercher ceux qui vous intéressent et commencer à interagir avec eux.

- **Comptes :** vous trouverez ici uniquement les comptes Instagram qui correspondent à votre recherche.

- **Tags :** permet de rechercher des hashtags qui existent déjà sur Instagram. Commencez par choisir simplement un hashtag lié à votre niche et voyez ce qui apparaît dans les résultats. Par exemple, si vous êtes un bijoutier, commencez par #jewelry. Si vous constatez qu'il y a trop de hashtags génériques dans les résultats de recherche, essayez d'être plus spécifique à votre secteur en recherchant #bijoux pour femmes ou #bijoux de mariage. Ensuite, cliquez sur un hashtag et commencez à interagir avec les messages que vous trouvez et avec les personnes qui ont interagi sur ceux-ci (et qui sont donc intéressées par la niche).

- **Lieux :** ce panneau vous permet d'effectuer des recherches par lieu. Si vous souhaitez trouver des personnes ou des activités dans votre entourage, ou dans un lieu spécifique, cette fonction de recherche est la plus utile. Touchez un lieu près de chez vous, et tous les messages qui ont inclus ce lieu lors de leur publication seront visibles.

Utilisez la fonction de recherche pour trouver des messages liés à votre créneau et interagissez avec des personnes ayant des intérêts similaires aux vôtres. Aimez les gens, laissez des commentaires intéressants et authentiques, suivez les gens et vous commencerez lentement à obtenir des adeptes et des interactions sur votre profil.

Comme mentionné ci-dessus, lorsque vous suivez un nouveau profil, Instagram suggère automatiquement des profils similaires. Vous pouvez également afficher cette fonction en appuyant sur la petite flèche située à côté du bouton "Suivre déjà" dans le cas des profils que vous suivez déjà. De cette façon, vous pourrez trouver très facilement des profils d'une niche particulière.

• Décider qui suivre

Le problème avec le fait de suivre des personnes, c'est qu'il n'est pas sain d'avoir trop de followers sur son profil. Je m'explique : si vous avez 1000 followers, mais que vous suivez 1200 personnes, votre profil n'aura pas l'air très professionnel. Le fait est que de tels chiffres donnent l'impression "d'être suivi uniquement parce que vous suivez les autres", alors qu'un profil avec 1000 followers et 200 followers donne l'impression d'être suivi en raison de son contenu de qualité.

Si vous commencez à mettre en œuvre chaque jour la technique d'interaction que nous avons vue ensemble, vous commencerez bientôt à obtenir des adeptes et des likes sur votre profil. C'est vraiment passionnant de voir les gens interagir avec votre profil, commenter ou même nous envoyer des messages directs. Cependant, il n'est pas possible de suivre tous les comptes qui choisissent de nous suivre, c'est pourquoi vous devez comprendre quels comptes doivent être suivis et lesquels ne doivent pas l'être.

Tout d'abord, selon l'étiquette d'Instagram, vous n'êtes pas obligé de suivre les nouveaux followers, en fait, le choix vous appartient entièrement. En revanche, il est vrai que lorsque vous commencez à obtenir vos premiers followers, vous pouvez trou parmi eux des comptes très intéressants, et cela vaut la peine d'y jeter un œil.

Tout d'abord, allez sur votre profil et cliquez sur le chiffre situé au-dessus du m "followers". Vous verrez alors une liste de tous vos followers, en commençant p ceux qui vous ont le moins suivi. Tous ces utilisateurs qui ont le bouton bleu "Suivr à côté de leur nom sont des personnes que vous ne suivez pas. Si vous reconnaiss le compte grâce à son nom d'utilisateur, vous pouvez le suivre immédiatement, sinc cliquez sur le nom d'utilisateur pour afficher son profil. Comme d'habitude, il est uti d'aimer quelques photos (choisies judicieusement) et de laisser un commentaire o ginal.

- **Mais quand dois-je à mon tour suivre mes followers ?**

Maintenant que nous avons compris comment visualiser vos followers et les suivr le plus rapidement possible, il est temps de déterminer quels sont les critères selo lesquels nous devons suivre un compte ou non. Vous devez savoir que sur Instagram de nombreux comptes ont la mauvaise habitude de suivre, d'attendre d'être suivis leur tour, puis de cesser de suivre ! Avec un compte professionnel, Instagram vou indiquera combien de personnes ont cessé de vous suivre au cours de la journée, e il est assez frustrant de voir ce nombre diminuer.

Les comptes que vous devriez suivre sur Instagram sont :

Avant tout, les entreprises de votre secteur, donc si vous représentez un établissement vinicole par exemple, suivez d'autres établissements vinicoles sur Instagram. Ne vous inquiétez pas de savoir s'il s'agit d'une "concurrence", l'établissement de relations avec d'autres comptes ne fait qu'accroître votre visibilité. En outre, lorsque vous suivez un compte concurrent, il y a de fortes chances que votre page apparaisse dans les suggestions de ceux qui suivent l'autre compte.

Une excellente idée, bien que non obligatoire, est de suivre les comptes d'entreprises ou de personnes que vous connaissez dans la vie réelle, qui sont situées près de chez vous et avec lesquelles vous collaborez. En outre, il est utile de suivre les comptes qui publient des contenus intéressants et vous inspirent (surtout pour les comptes artistiques), ou les comptes que vous trouvez personnellement intéressants et avec lesquels vous aimez interagir.

D'un autre côté, il existe certains types de comptes que vous ne devriez pas suivre :

Sans l'ombre d'un doute, ne suivez pas les comptes qui font du spam, vendent des services louches ou ont généralement une mauvaise réputation. La dernière chose que vous souhaitez est d'apparaître parmi les pages liées à de tels comptes. Mais comment reconnaître un compte de spam ? Ce sont des "signaux d'alarme" à surveiller. Il n'est pas nécessaire de les trouver tous pour classer un compte dans la catégorie des spams, mais plus il y en a, plus vous devez vous méfier.

- Ils ont un **nombre presque égal de followers et de followers** : par exemple, ils ont 5000 followers et 3000 followers, ou le rapport est de 5000/5500, voire 5000/7000. Il s'agit avec une extrême certitude d'une personne qui suit les comptes d'autres personnes dans le seul but d'être suivie.

- **Ils ont peu de messages** : ces comptes publient généralement peu de contenu, généralement de mauvaise qualité.

- Ils ont **un rapport like/follower déséquilibré** : dès qu'une page a 5000 followers et que ses posts ont 20/50/100/200 likes, il y a un problème. Les followers ont probablement été achetés, et qui sait ce que ce compte a pu faire d'autre. Il vaut mieux en rester loin.

- **Ils essaient constamment de vendre quelque chose** : que ce soit dans leur biographie, leurs posts ou leurs histoires, ils font la publicité d'un produit ou d'un service de manière insistante et non professionnelle.

Ce sont les signes à observer lorsque vous essayez d'identifier un compte de spam.

Par ailleurs, je vous conseille vivement de ne pas suivre les comptes qui utilisent des systèmes automatisés pour laisser des commentaires sous les messages d'autres personnes (des commentaires banals comme "C'est bien !", "Wow !", "J'aime ça !").

Les comptes qui ne suscitent aucun intérêt professionnel ou personnel chez vous doivent également être mis sur liste noire, ainsi que ceux qui utilisent explicitement le hashtag #follow4follow ou #f4f et autres.

En fin de compte, vous n'avez pas besoin d'être trop pointilleux sur le nombre de comptes que vous suivez, mais vous devez simplement faire attention à ne pas en suivre trop par rapport à vos followers. En général, il est bon de maintenir un ratio followers/followed de 10/2. Ainsi, si vous avez 1000 followers, le nombre maximum de personnes à suivre est de 200 environ.

En fin de compte, la meilleure chose à faire est de suivre, pour la plupart, des comptes qui appartiennent à votre niche et qui peuvent développer votre marque, et puis aussi quelques comptes auxquels vous vous intéressez personnellement.

- ## Créer une communauté

Si vous êtes sur Instagram depuis assez longtemps, vous avez peut-être remarqué que l'on parle beaucoup de "communauté", mais que signifie ce terme ? Une communauté n'est rien d'autre qu'un groupe de personnes qui "traînent" dans le même environnement sur Instagram, se "connaissent" (au moins virtuellement), suivent les mêmes pages et interagissent très souvent. Par exemple, parmi une série de pages représentant différents établissements vinicoles, une communauté de soutien mutuel pourrait être créée, où les gens s'entraident en laissant des commentaires, en parrainant d'autres pages, en s'écrivant des messages, etc.

Une communauté peut être créée de toutes pièces s'il n'y en a pas encore sur Instagram, mais pour la plupart des niches, il y a déjà des personnes qui en ont construit une. La meilleure façon de rechercher une communauté est d'utiliser des hashtags. Si vous représentez un établissement vinicole, vous pouvez rechercher les hashtags #wineries, #wines, #wine reds, etc. Ces hashtags sont assez génériques, donc si vous voulez rechercher une communauté plus spécifique, vous devrez utiliser des hashtags plus spécifiques.

Une fois que vous avez choisi un hashtag, commencez à regarder les publications et les profils des personnes qui ont utilisé ce hashtag, et interagissez avec elles. Commentez leurs messages, répondez aux commentaires des autres, partagez du contenu ou envoyez même un message pour vous présenter aux autres. Vous verrez qu'en peu de temps, la communauté commencera à se développer et que des liens se créeront entre ceux qui en font partie.

Pas seulement sur Instagram, les communautés se retrouvent aussi souvent sur d'autres réseaux sociaux ! Par exemple, vous pouvez trouver des groupes Facebook ou des canaux Discord liés à votre niche qui sont remplis de personnes qui interagissent également sur Instagram.

Si votre marque se situe dans un créneau très spécifique et n'est peut-être pas trop populaire, il est fort probable qu'il n'existe pas encore de véritable communauté. Peut-être que personne sur Instagram n'a encore une page comme la vôtre, ou qu'il y a quelques pages similaires, mais qu'elles n'interagissent pas beaucoup entre elles. Pas de problème, dans ce cas, il vous suffit de construire votre communauté à partir de zéro ! Bien sûr, le chemin sera sans doute un peu plus ardu, mais vous aurez la satisfaction d'avoir lancé une nouvelle communauté !

Ce qu'il y a de mieux dans le fait de faire partie d'une communauté, c'est que cela stimule une croissance organique vraiment forte (cela varie en fonction de la taille et de l'activité de la communauté elle-même). Si vous interagissez souvent avec le contenu d'autres personnes, et que vous le faites avec authenticité, vous verrez que les autres feront de même avec votre profil.

Interagir avec les gens

Après tout, la majeure partie du travail nécessaire à la croissance d'un compte Instagram consiste en réalité à interagir avec d'autres personnes. Dans ce chapitre, nous allons voir quelle est la meilleure façon d'interagir avec les autres utilisateurs afin de créer des relations saines pour votre marque et de faire une bonne impression.

Le premier endroit où les utilisateurs voient les posts, généralement, est le flux Instagram. En d'autres termes, il s'agit de la page d'accueil, la première page que vous voyez lorsque vous ouvrez l'application, et c'est là que se trouvent les messages des pages que nous suivons. Instagram utilise un algorithme qui fait un choix parmi tous les contenus publiés par chaque personne que vous suivez. Ces posts sont ensuite réorganisés dans votre flux, montrant les posts avec lesquels (selon Instagram) vous êtes le plus susceptible d'interagir en haut du flux. De nombreux éléments (pour la plupart mystérieux) jouent un rôle dans l'algorithme, notamment la fréquence de vos interactions avec les publications d'une personne donnée, le type de contenu avec lequel vous interagissez le plus souvent, la popularité d'une publication parmi les utilisateurs en général et le temps que vous passez sur Instagram.

Sous chaque photo que vous voyez sur Instagram, il y a trois éléments : le cœur, qui met un like sur un post lorsque vous appuyez dessus (vous pouvez aussi double-cliquer sur la photo pour la liker) ; le nuage, qui sert à laisser un commentaire sur le post, et ouvre un écran où vous pouvez voir les commentaires laissés par d'autres personnes ; l'avion en papier, qui sert à partager le post avec d'autres personnes. Une fois que vous avez appuyé dessus, vous pouvez ajouter le message à votre histoire ou l'envoyer sous forme de message privé (n'oubliez pas que si un compte est privé, vous ne pouvez partager le message qu'avec les personnes qui suivent la personne qui l'a publié).

• Répondre aux commentaires sous vos articles

Sur Instagram, il est considéré comme une bonne conduite de répondre aux commentaires que les autres utilisateurs laissent sous vos publications. C'est un moyen de socialiser et de se connecter avec d'autres personnes, et cela aide beaucoup à créer une communauté. Si une personne laisse un commentaire sous l'un de vos articles et que vous ne répondez pas, elle pourrait le prendre mal. Tout d'abord, vous pouvez "aimer" un commentaire (en cliquant sur l'icône en forme de cœur) pour faire savoir à l'autre utilisateur que son commentaire est aimé (il recevra une notification de l'événement). Ensuite, vous pouvez répondre à un commentaire en appuyant sur le bouton situé en dessous de celui-ci.

Si votre compte commence à avoir beaucoup d'adeptes et que vous avez beaucoup de commentaires sur un seul article, vous pouvez également choisir de simplement "aimer" les commentaires ou de répondre de manière brève (mais toujours agréable) à la plupart d'entre eux. Cependant, tant que vous pouvez répondre à tous les commentaires, je vous conseille vivement de le faire de manière authentique et agréable, en essayant d'écrire quelque chose de personnel et d'original.

Si vous souhaitez mentionner quelqu'un dans votre commentaire, utilisez simplement l'escargot suivi du nom de l'utilisateur, par exemple : @pincopallino. L'utilisateur sera informé de la mention, et pourra alors répondre à votre commentaire.

- **Collaborer avec d'autres utilisateurs**

Faire partie d'une communauté sur Instagram, c'est un peu comme faire partie d'une grande famille, et dans une famille, on s'entraide toujours. Étant donné qu'Instagram est un réseau social dont le but est de se développer et d'interagir avec de nouveaux utilisateurs, un moyen populaire de rendre vos pages Instagram plus grandes est de collaborer avec d'autres utilisateurs.

Il existe des pages qui sont prêtes à vous parrainer (c'est-à-dire à vous marquer dans leurs publications) en échange d'une rémunération. Bien qu'il s'agisse généralement d'une alternative viable, il est possible d'avoir des parrainages réels avec d'autres pages dans votre niche, et ce, de manière totalement gratuite. En clair, il doit s'agir de pages qui traitent du même sujet/thème/produit. Par exemple, si vous vendez des vins, il n'est pas très judicieux de parrainer une page consacrée à la technologie, car son public ne s'intéresse guère aux vins.

Pour avoir un parrainage avec une page similaire à la vôtre, il suffit d'envoyer un message direct expliquant vos intentions. Le parrainage peut se faire par l'intermédiaire d'une histoire ou d'un post, dans tous les cas, en étiquetant la page collaboratrice. Vous ferez connaître à vos followers l'existence de l'autre page, et l'autre page fera de même pour les siens. De cette façon, vous pourrez tous deux bénéficier de cette collaboration.

En général, ce type de collaborations "égales" se fait entre des pages qui ont le même nombre de followers ou qui ne sont pas trop éloignées les unes des autres. Par exemple, cela pourrait fonctionner entre une page avec 5000 followers et une avec 10000, entre une avec 500 et une avec 1000, ou entre une avec 10000 et une avec 15000. Dans ces cas, la page la plus grande a encore une marge d'avantage suffisante pour accepter votre proposition.

Si, en revanche, vous avez 500 followers, il est peu probable qu'une page avec 5000 followers accepte cette proposition. Quoi qu'il en soit, essayez-le ! On ne sait jamais, le propriétaire pourrait être gentil et vous donner l'occasion d'obtenir une certaine visibilité auprès de son public !

Les histoires : un outil influent

Les stories sont sans aucun doute un outil vraiment puissant et polyvalent à utiliser sur Instagram. Cette fonctionnalité a été introduite en 2016, pour inciter les utilisateurs à publier davantage de contenu. Mais qu'est-ce qui différencie vraiment les histoires des simples posts ? La principale différence entre ces deux outils est que les messages sont permanents (c'est-à-dire qu'à moins que vous ne les supprimiez ou les archiviez, ils restent sur votre profil pour toujours, visibles par tous ceux qui le visitent), tandis que les histoires sont temporaires, ne durant que 24 heures après leur publication.

Alors qu'Instagram était auparavant un endroit où l'on partageait des photos et des vidéos pour créer une sorte de portfolio statique, il est aujourd'hui devenu une plateforme plus dynamique qui permet à ses utilisateurs de partager leur vie à tout moment. Les followers peuvent réagir aux stories via des messages directs, et les propriétaires de pages Instagram peuvent ajouter du texte et des effets spéciaux à leurs stories. Tout au long de ce chapitre, nous allons examiner tout ce que vous devez savoir sur les histoires afin de les utiliser au mieux pour développer votre marque.

Tout d'abord, vous devez savoir que les stories sont situées en haut de la page d'accueil d'Instagram. Vous trouverez les photos de profil de ceux qui ont une histoire active entourées d'un anneau multicolore. Lorsque l'histoire d'un utilisateur a déjà été consultée, l'anneau devient gris. Il vous suffit de cliquer sur l'article pour le visualiser.

Instagram affiche d'abord les stories les plus récentes, mais en glissant vers la droite, vous pouvez également voir les stories publiées moins récemment. Sachez que lorsque vous regardez l'histoire de quelqu'un d'autre, cette personne peut savoir que vous l'avez vue ! Si vous ne voulez pas révéler votre intérêt pour les histoires de quelqu'un, tenez-en compte.

Une dernière façon d'afficher l'historique d'une autre personne est de consulter son profil. Si la personne en question a une histoire active dans les dernières 24 heures, un anneau de couleur typique entourera sa photo de profil. Cependant, vous ne pouvez pas voir les histoires d'une personne qui a un profil privé à moins de la suivre.

• Créer des histoires

Ceux qui utilisent Instagram avec un compte personnel sont libres de poster leurs stories quand bon leur semble, sans avoir à réfléchir à grand-chose. Toutefois, si l'objectif est de créer un profil commercial afin de magnifier votre marque, vous devez disposer d'une stratégie efficace.

Avant toute chose, il est important de programmer vos histoires. Il existe des applications pour Android et iOS (comme *Later*) qui vous permettent d'avoir un aperçu de ce à quoi ressembleront les histoires que vous allez publier.

Une autre étape importante pour créer des histoires qui trouvent un écho auprès de votre public consiste à être cohérent avec vos couleurs. Cela signifie que dans une histoire, il est préférable d'utiliser une ou deux couleurs pour le lettrage, et pas plus, sinon cela créera trop de confusion.

N'oubliez pas non plus de toujours utiliser des couleurs qui sont visibles en arrière-plan. Publier un article avec une photo du ciel et une écriture bleue au-dessus n'est pas la meilleure solution pour la lisibilité, et vos abonnés peuvent avoir du mal à comprendre ce qui est écrit.

Cela dit, ne soyez pas trop obsédé par ce que vous partagez dans vos histoires, cela n'en vaut pas la peine. Les histoires sont des contenus temporaires, et il n'est pas nécessaire d'y apporter l'attention aux détails que l'on met dans un article. Une histoire peut également être créée à la hâte à un moment de la journée où l'on est très occupé. Essayez donc simplement d'impliquer vos followers dans votre routine, et ne vous souciez pas de la perfection de l'apparence de l'histoire.

- ## Que puis-je partager dans les histoires ?

C'est une question qui est souvent posée par ceux qui sont novices en matière d'histoires : *que dois-je partager dans les histoires ?* Partons d'abord du principe qu'il n'y a pas de "bon" ou de "mauvais" type de contenu à partager dans les histoires ! Vous pouvez poster ce que vous voulez, et je vous recommande de ne rien laisser vous limiter. Cependant, si vous êtes à court d'idées, il peut être difficile de surmonter le blocage créatif, alors regardons quelques exemples de contenus que vous pouvez partager dans vos stories Instagram.

- **Photos et vidéos des coulisses** : comme vous dirigez une marque, vous pouvez être impliqué dans des lancements de produits, des événements, des podcasts et d'autres activités qui piquent la curiosité de vos followers. Les histoires de coulisses sont un bon moyen de faire connaître votre marque à votre public et de lui donner l'impression que vous lui confiez un secret. Par exemple, si vous possédez un vignoble, vous pouvez leur montrer la cave ou le processus de production. Vos followers auront alors le sentiment de faire partie d'une communauté, et ils seront satisfaits de la transparence dont vous faites preuve à l'égard de votre marque.

- **Photos de voyage** : si vous voyagez vers une destination exotique ou touristique, vous pouvez montrer des photos ou des vidéos de l'endroit ! S'il s'agit de contenu qui n'est pas lié à votre marque, c'est une excellente idée de le mettre dans des histoires, où vous pouvez vous permettre de partager des choses qui ne sont pas strictement liées au travail.

- **Réalisez un vlog** : ces dernières années, les vlogs (une sorte de blog, mais sous forme de vidéos) ont littéralement envahi tous les médias sociaux. Les followers aiment entendre les histoires des autres, surtout lorsqu'elles sont passionnantes. Parler devant la caméra dans une histoire est un excellent moyen de faire savoir à vos followers qu'il y a un véritable être humain derrière le profil et que vous avez quelque chose à dire. Vous serez en mesure de donner des avis et des annonces d'une manière plus authentique et humaine, et cela sera grandement apprécié. Bien sûr, ça peut être un peu gênant au début, mais ça en vaut la peine !

- **Utilisez des questions** : Instagram a ajouté une fonctionnalité qui vous permet d'ajouter une question à votre histoire, pour qu'ensuite nos followers puissent y répondre. Vous avez deux possibilités : choisir l'une des réponses prédéfinies ou rédiger une réponse personnalisée.

- **Utilisez des sondages** : vous pouvez également ajouter un sondage à votre histoire, dans lequel ils pourront choisir entre l'une des deux options que vous proposez, puis partager les résultats avec vos followers. C'est un excellent moyen de donner à vos followers le sentiment de faire partie d'une communauté lorsqu'ils décident des modifications à apporter à votre profil.

- **Compte à rebours** : enfin, vous pouvez ajouter un compte à rebours pour un grand événement, comme le lancement d'un produit ou un événement.

• Lieux, mentions et hashtags

Tous les éléments que vous pouvez inclure dans un post sur Instagram pour améliorer sa visibilité peuvent également être utilisés dans les stories. Tous ces outils peuvent être ajoutés à l'histoire en défilant de bas en haut lorsque vous êtes dans l'écran de création de l'histoire.

• Places

L'ajout de la localisation à votre histoire permet à vos followers de savoir où vous êtes. De cette façon, vous pouvez apparaître dans les résultats de recherche (si votre compte a un profil public) des personnes qui recherchent ce lieu sur Instagram.

Lorsque les gens recherchent un lieu avec l'outil de recherche d'Instagram, ils voient les posts *(et les stories)* associés à ce lieu. Lorsque vous ajoutez un autocollant de localisation, vous pouvez apparaître dans ces résultats de recherche et donc bénéficier d'une plus grande visibilité.

Si vous souhaitez bénéficier d'une plus grande visibilité grâce à cette fonctionnalité, évitez de taguer de grands lieux (comme Milan ou Rome), mais essayez plutôt de partager votre emplacement de manière plus précise (afin d'avoir moins de concurrence). Considérez que si, par exemple, vous partagez votre emplacement dans un parc, vous pouvez également apparaître dans les résultats de recherche d'un restaurant voisin, voire de la ville entière.

- **Mentions**

Si vous voulez marquer quelqu'un dans votre histoire, il vous suffit d'utiliser l'autocollant "mentions". Une fois que vous avez fait cela, commencez à taper le nom d'utilisateur de la personne que vous voulez mentionner, et des noms d'utilisateur similaires apparaîtront dans le menu déroulant. Une fois que vous avez trouvé la personne qui vous intéresse, cliquez sur son profil et elle sera étiquetée dans votre histoire (seulement une fois qu'elle sera publiée). N'oubliez pas que vous pouvez toujours zoomer, incliner et déplacer l'autocollant à votre guise.

- **Hashtag**

S'il est vrai que vous pouvez inclure jusqu'à 30 hashtags dans les posts Instagram, il n'en va pas de même pour les stories. En utilisant la vignette hashtag, vous ne pouvez avoir qu'un seul hashtag par histoire, c'est pourquoi la suggestion est de le choisir avec soin.

Simplement, vous devrez faire défiler de bas en haut pour ouvrir le menu des autocollants, puis appuyer sur l'autocollant hashtag. Une fois cela fait, commencez à taper le hashtag que vous souhaitez, et vous verrez des suggestions. Cliquez sur celui que vous préférez, et votre histoire apparaîtra dans les résultats de recherche pour le hashtag correspondant.

- **Partager les histoires des autres**

Il arrive souvent que vous souhaitiez utiliser une histoire créée par quelqu'un d'autre afin de la partager avec votre propre compte. Évidemment, vous ne devez le faire que si vous avez l'autorisation de la personne en question et ne courez donc aucun risque en matière de droits d'auteur.

Tout d'abord, disons que si vous êtes identifié dans l'histoire de quelqu'un d'autre, vous êtes libre de la partager à tout moment. Si quelqu'un vous mentionne dans sa story, vous recevrez une notification dans vos messages directs. Dans ce cas, l'option de partager l'histoire dans votre profil sera disponible. Vous pourrez ensuite ajouter des autocollants, de l'écriture, de la musique, etc.

Toutefois, si vous n'avez pas été identifié dans l'histoire que vous souhaitez partager, vous avez la possibilité de faire une capture d'écran de l'histoire et de la partager dans votre profil. Bien sûr, la capture d'écran d'une histoire ne peut capturer que des photos statiques, et ne fonctionne pas avec les vidéos. Il va également de soi qu'avant de partager le contenu d'autrui, vous devez envoyer un message direct au propriétaire et lui demander la permission.

• Partager des messages dans des histoires

Aussi créatives et originales que puissent être les stories Instagram, vous pouvez aussi vouloir partager des posts Instagram réguliers dans une story. Cette technique est souvent utilisée dès que vous publiez un article, afin d'augmenter sa visibilité et de le montrer à ceux qui l'ont manqué dans le flux.

Instagram nous fournit un outil de partage simple que vous pouvez utiliser pour inclure un post de votre flux dans votre story. Sous n'importe quel message (le vôtre ou celui de quelqu'un d'autre), vous verrez une icône en forme d'avion en papier. Il vous suffit d'appuyer dessus pour ouvrir un menu qui vous permet de partager le message. À ce stade, il ne vous reste plus qu'à cliquer sur "Ajouter à votre histoire".

Une fois cela fait, l'écran de création de votre histoire s'ouvrira avec l'image et le lien de ce message ajoutés à l'histoire. En cliquant sur l'image du message original, vous aurez le choix entre deux options d'affichage : l'une qui ne montre que l'image originale et le nom d'utilisateur du compte, et l'autre qui est plus étendue et qui montre également les deux premières lignes de la description du message.

Vous pouvez, comme d'habitude, personnaliser l'histoire en déplaçant et en redimensionnant l'image du message ou en ajoutant du texte, de la musique, des dessins ou des autocollants. Dès que l'article est publié, les internautes pourront cliquer sur l'image de l'article pour être dirigés vers l'article lui-même.

• Partager une histoire en tant que post

Parfois, il arrive qu'une histoire soit si originale, si inoubliable, si spéciale, qu'il semble vraiment dommage de la laisser disparaître au bout de 24 heures. Si vous vous demandez s'il est possible de partager une histoire en tant que message sur votre profil, la réponse est *oui !*

Il suffit d'ouvrir une histoire, puis d'appuyer sur les trois points verticaux qui se trouvent dans le coin inférieur droit. Ensuite, un écran avec des options apparaîtra, et parmi elles vous trouverez "Partager en tant que post...". Il ne vous reste plus qu'à appuyer et partager l'histoire comme s'il s'agissait d'un article ordinaire. En général, les articles sont conçus pour une visualisation verticale, de sorte qu'une partie de l'article reste souvent coupée lorsqu'il est converti en article.

Si votre histoire était une simple image statique, ce que vous verrez dans votre message sera la même histoire, sans aucun changement. Toutefois, n'oubliez pas que tout autocollant ou texte sera visible sur l'image. Si votre histoire était une vidéo ou comprenait des autocollants animés tels que des GIF, le message sera téléchargé sur votre flux en tant que vidéo, en conservant ses caractéristiques originales. Tous les autocollants interactifs tels que les sondages, les questions, les comptes à rebours, etc., ne conserveront pas leur fonctionnalité dans votre message de profil. Ils apparaîtront simplement comme des autocollants, mais ne pourront pas être utilisés de manière interactive.

Une fois que vous avez converti votre histoire en un message, et que vous l'avez redimensionné correctement pour qu'il soit visible de manière optimale, n'oubliez pas d'effectuer toutes les étapes habituelles requises pour publier un message, c'est-à-dire ajouter une légende, des hashtags, mentionner des personnes ou ajouter un lieu.

- **Utilisation des articles de fond**

Il est vrai que j'ai dit que les histoires ont une durée maximale de 24 heures avant de disparaître, mais cela ne signifie pas qu'elles sont perdues à jamais ! En fait, vous pouvez "redonner vie" à vos histoires même après les 24 heures, et les réorganiser en groupes d'histoires appelés "Histoires à la une", consultables depuis votre profil.

Lorsque vous visitez le profil d'une personne, vous pouvez voir ses histoires vedettes (si elle en a ajouté) dans quelques cercles sous la biographie du profil. En dessous de chaque groupe d'articles, il y aura le titre du groupe d'articles. Certaines personnes ont un ou deux groupes d'histoires vedettes, tandis que d'autres en ont tellement que vous pouvez même glisser vers la droite pour les voir toutes.

Les histoires en vedette sont une collection des histoires de ce compte. Chaque groupe d'articles vedettes peut contenir un nombre pratiquement illimité d'articles, tout comme il peut n'en contenir qu'un seul. Une histoire disparaît du compte après 24 heures, mais les articles vedettes permettent de conserver ce contenu sur votre profil aussi longtemps que vous le souhaitez, afin de le montrer à de nouveaux adeptes.

Pour pouvoir créer un article vedette, vous devez avoir créé au moins un article da le passé. Si vous allez dans votre profil, sous votre biographie, vous verrez un cer vide avec un signe "+" à l'intérieur. Cliquez dessus et vous verrez apparaître vos a chives d'articles, à partir desquelles vous pourrez sélectionner un ou plusieurs a ticles à ajouter à vos articles vedettes. Ensuite, vous verrez le champ de texte q vous permettra d'ajouter un titre aux articles vedettes, puis de terminer le processu

Si, en revanche, vous souhaitez créer un article vedette à partir d'un article qui e actuellement dans sa durée de vie de 24 heures, la première étape consiste à ouvr cet article. Une fois que vous avez fait cela, regardez en bas à droite et vous verre l'option d'ajouter l'histoire aux histoires à la une. Cliquez sur le bouton et choisisse le groupe auquel ajouter l'histoire, ou créez-en un nouveau.

Lorsque vous avez fini de nommer l'article vedette, vous pouvez également chois une image de couverture. Par défaut, l'image de couverture sera la première histoir que vous avez téléchargée dans le groupe d'histoires à la une. Comme les article sont généralement des images orientées verticalement et que l'image de couvertur est un cercle, il arrive très souvent que l'image ne soit pas recadrée de la manière l plus esthétique possible.

Pour améliorer votre image de couverture, cliquez sur "Modifier la couverture", puis faites glisser ou pincez l'écran pour repositionner ou redimensionner votre image de couverture.

Mais comment se fait-il que certaines personnes aient une image de couverture d'article en vedette qui ne fait pas partie des articles téléchargés ? Vous avez peut-être remarqué cette différence. En fait, Instagram vous permet de choisir un fichier image externe pour créer des couvertures personnalisées.

Vous êtes, bien sûr, libre d'utiliser les histoires vedettes pour regrouper tout type d'histoire, mais il est recommandé de créer des groupes d'histoires spécifiques afin de faciliter la navigation des utilisateurs. Par exemple, vous pouvez créer une série de groupes organisés comme suit : "Vins", "Voyages", "Famille", "Animaux", etc.

Par exemple, vous pouvez avoir de nombreuses histoires sur votre famille. Mais vous pourriez créer un point fort pour les vacances en famille, un autre pour les fêtes, et un autre juste pour vos animaux de compagnie.

Erreurs à ne pas commettre sur Instagram

Instagram est un réseau social apparemment simple, mais en réalité très articulé et, comme vous l'aurez remarqué dans ce livre, les choses à savoir ne sont pas peu nombreuses. Jusqu'à présent, nous avons vu toutes les techniques qui peuvent vous apporter une aide réelle pour faire croître votre profil de manière exponentielle et surtout organique, mais il est maintenant temps de vous donner quelques conseils sur ce qu'*il ne faut pas faire* sur Instagram.

Il y a certaines choses que vous ne devez pas faire, car elles risquent de nuire à la construction d'une bonne communauté avec vos followers et d'autres marques. Si vous voulez vraiment devenir un expert d'Instagram, alors lisez la suite car nous passons en revue tous les NO de ce réseau social.

• Choisir une mauvaise photo de profil

Votre photo de profil est essentiellement la façon dont vous vous présentez sur Instagram. Les gens utilisent les médias sociaux très rapidement, et ils sont très prompts à juger si un profil vaut la peine d'être visité ou non. Souvent, votre photo de profil (ainsi que votre nom d'utilisateur) est l'un des critères pris en compte pour décider de donner ou non une chance à votre profil.

Lorsque vous téléchargez une photo de profil sur Instagram, sa taille est fortement réduite, ce qui en réduit également la qualité. Cela signifie que même une photo de haute qualité peut paraître moins bonne après le téléchargement. C'est pourquoi il faut choisir une image de bonne qualité, qui cadre clairement le sujet, avec un arrière-plan contrastant si possible.

Enfin, votre photo de profil doit être en rapport avec votre profil. Si vous représentez une entreprise, vous ne pouvez pas utiliser une photo de votre chien ou de votre nouvelle voiture comme photo de profil.

- ## Utilisez un nom égal à votre nom d'utilisateur

Le nom d'utilisateur est conçu dans l'idée d'être une référence unique à un utilisateur, il est composé uniquement de lettres minuscules, et contient parfois des points et des caractères de soulignement. Le nom de votre compte est toutefois différent, il apparaît dans votre profil et peut utiliser des emoji, des majuscules ou même des espaces.

Par exemple, si votre nom d'utilisateur sur Instagram est @pincopallino, vous pouvez utiliser "Pinco Pallino" comme nom, mais utiliser "pincopallino" (identique à votre nom d'utilisateur), est un geste qui vous fera passer pour un parfait débutant aux yeux des autres utilisateurs. En bref, cela diminue le professionnalisme et donc la qualité de votre profil.

Si vous voulez ajouter plus de personnalité à votre nom, vous êtes libre d'inclure également des emoji. Étant donné que les seuls critères de recherche sur Instagram sont votre nom d'utilisateur et votre nom, vous pouvez inclure des mots-clés dans votre nom afin d'être plus facilement trouvé. Ainsi, si votre nom d'utilisateur est @pincopallino, vous pouvez utiliser "Pinco Pallino, architecte d'intérieur" ou "Pinco Pallino - Marketing numérique" comme nom.

- ## Choisissez un nom d'utilisateur sans rapport avec le sujet

C'est un autre signe évident d'être un débutant, et pire encore, cela ruine votre potentiel de croissance sur Instagram. Votre nom d'utilisateur est la façon dont on vous reconnaît sur Instagram, c'est cette petite étiquette qui apparaît dans les notifications des autres, et dans les commentaires. Si votre profil présente des photos de votre domaine viticole et son histoire, mais que votre nom d'utilisateur est @giorgio1985, les internautes ne pourront pas vous reconnaître lorsque vous commenterez ou consulterez leur histoire.

En outre, un nom sans rapport avec le profil n'est pas professionnel. Il faut également tenir compte du fait que les chiffres dans le nom d'utilisateur peuvent être un signe de spam et donc être indésirables pour les autres utilisateurs. Ne vous méprenez pas, un nom d'utilisateur comme @vinificiorossi1856 est bien parce que c'est la date de fondation, mais évitez les nombres aléatoires comme @vinificiorossi12443, mis uniquement parce que @vinificiorossi n'était pas disponible comme nom d'utilisateur.

Le nom d'utilisateur doit tout d'abord être facile à retenir et explicatif, comme nous l'avons vu dans la première partie du livre. L'utilisation de chiffres n'est valable que si elle est pertinente pour votre profil.

- ## N'écrivez pas de légende pour les messages

Instagram est surtout une plateforme visuelle, axée sur la création de contenus ayant un fort impact visuel, mais cela ne signifie pas que les légendes des posts sont un "supplément optionnel", bien au contraire.

S'il est vrai que certaines photos en disent plus que mille mots, une légende peut néanmoins inciter vos visiteurs à interagir avec votre profil, par exemple en aimant, en commentant ou en cliquant sur le lien figurant dans la biographie. Le manque de contexte d'une photo ou d'une vidéo sur Instagram sans légende est un problème. Une légende est l'occasion de faire passer votre message ou l'objectif de la publication et d'établir un lien avec vos followers, ce qui constitue une étape cruciale dans la création d'une communauté saine et fidèle.

- ## N'utilisez pas d'histoires

Les histoires ne servent pas seulement à entrer dans la vie du titulaire du compte. Si vous êtes une personne timide, ou simplement réservée, vous ne souhaitez peut-être pas, à juste titre, que les gens en sachent trop sur votre vie en vloguant des histoires ou en partageant des aspects personnels. Sachez que ce n'est pas la seule façon d'utiliser les histoires, vous pouvez les utiliser pour prendre de simples photos, raconter des histoires par écrit, faire des enquêtes et des séances de questions, ou annoncer des promotions ou des événements.

Il y a mille façons d'utiliser les stories sans avoir à partager chaque moment de votre vie, et je vous recommande de les utiliser car il y a *plus de 500 millions d'*utilisateurs qui utilisent les stories sur Instagram chaque jour. Avec un public potentiel aussi large, cela ne vaut vraiment pas la peine de s'exclure de cette fonctionnalité.

Depuis qu'Instagram a introduit les stories, il a mis l'accent sur celles-ci, et l'on s'attend à ce que ce type de contenu continue à se développer au fil du temps. Ne pas utiliser les histoires équivaut à renoncer à un grand nombre de followers. De même, si vos abonnés actuels préfèrent voir du contenu sous forme d'histoires et que vous ne les utilisez pas, vous risquez de ne pas les satisfaire.

- ## N'utilisez pas la biographie

De nombreuses personnes pensent que le bio est un outil essentiellement inutile et le considèrent comme acquis. En fait, la bio est l'occasion de dire quelques mots sur vous aux visiteurs de votre profil, de leur transmettre un message qui peut avoir un impact émotionnel et ainsi les inciter à regarder le reste de votre profil.

Laisser sa biographie vide équivaut à rencontrer une nouvelle personne, à lui dire son nom, puis à rester dans un silence gênant. Votre bio peut expliquer ce qu'est votre marque, quelles sont vos convictions, elle peut informer les gens de toute promotion ou alerte, etc. En bref, c'est un outil *indispensable* que tout profil performant doit utiliser pour se développer sur Instagram.

- **Marquer les personnes qui ne sont pas dans le message**

Taguer d'autres comptes dans les photos Instagram est un processus très simple, et très utile pour créer une communauté d'utilisateurs. Cependant, il est également vrai que certaines personnes profitent de cette fonctionnalité d'une manière peu légale, en étiquetant autant de personnes que possible ! Vous ne devez marquer que les comptes qui apparaissent réellement dans le message.

Par exemple, si vous publiez une photo de vous et de votre famille lors d'un voyage à la montagne, vous pouvez marquer chacune des personnes présentes sur la photo. Vous pouvez également taguer le compte Instagram d'un restaurant où vous êtes allé manger, tout comme vous pouvez taguer le compte de la marque de montres que vous portez. Il n'y a pas de problème à marquer ces comptes, car ils sont liés à la photo que vous avez publiée.

Ce que beaucoup de gens font, c'est de taguer beaucoup d'autres personnes (surtout des personnes célèbres) afin d'obtenir le plus d'exposition possible. Le fait est que l'algorithme découvre toujours ce type de comportement et le signale de manière négative. De plus, le fait d'être tagué sans raison est assez ennuyeux, et les autres personnes commenceront à vous voir sous un mauvais jour si vous faites ce genre de choses.

- **Abus des hashtags**

Certains utilisateurs d'Instagram sont constamment à la recherche de méthodes "plus ou moins" licites pour obtenir plus de visibilité et ainsi attirer plus de followers. L'une d'elles consiste à utiliser beaucoup de hashtags, en dépassant la limite de 30 imposée par Instagram. Le défaut de cette méthode est que l'algorithme du réseau social détecte automatiquement ces messages, et les pénalise en les considérant comme du spam. Dans tous les cas, les utilisateurs remarquent ces petites choses et se tiennent à l'écart des comptes qui remplissent leurs messages de hashtags.

Une autre méthode populaire consiste à utiliser les hashtags en vogue en ce moment, même s'ils n'ont rien à voir avec le contenu du post qui les contient. Si vous voulez utiliser le hashtag #olimpiadi2021 et que votre message est en rapport avec les Jeux olympiques de 2021, c'est parfait ; mais si vous utilisez le même hashtag dans un message qui n'a rien à voir avec les Jeux olympiques de 2021, vous abusez de ce hashtag pour gagner en visibilité.

Commençons par le fait que cette méthode est infructueuse, car les personnes qui consultent le hashtag #olimpiadi2021 ne seront guère intéressées de voir votre collection de vins, ou vos vacances d'été. De plus, il faut savoir que l'intelligence artificielle de l'algorithme d'Instagram devient plus efficace de jour en jour, et est capable de détecter les hashtags qui ne sont pas liés au post qui les contient.

Si votre post représente un chien, et que les hashtags sont #olimpiaditokyo #olimpiaditokyo #olimpiadi2021, l'algorithme comprendra rapidement que quelque chose ne va pas, et pénalisera votre profil en conséquence. Pour couronner le tout, il est également possible que les utilisateurs qui parcourent ces hashtags signalent votre compte comme étant du spam.

- **Suivez tous vos followers**

Comme cela est désormais bien établi, Instagram est une plateforme qui repose sur l'interaction entre les utilisateurs. Vous verrez souvent qu'une personne vous suivra juste après que vous ayez suivi son compte, mais cela ne signifie pas qu'il y a une réelle "obligation" de suivre ses followers.

Si vous commencez à suivre tous ceux qui vous suivent, vous aurez bientôt un fil d'actualité "encombré" par le contenu de personnes qui ne vous intéressent pas vraiment. En plus de cela, il est difficile d'établir des relations authentiques et positives lorsque vous avez autant de followers. Le fait de voir des contenus peu inspirants détériorera votre expérience sur Instagram et vous donnera probablement envie de ne pas l'utiliser du tout.

De plus, suivre trop de personnes n'est pas non plus professionnel. Si vous voulez développer votre marque sur Instagram, vous devez vous concentrer sur le suivi de personnes qui peuvent réellement vous aider à vous développer. Avoir, par exemple, 2000 followers et 1800 followers est une caractéristique typique des comptes de spam. Suivre n'importe quel compte qui est votre follower donnera donc à votre profil un aspect beaucoup moins professionnel et freinera votre croissance.

- **Utilisation d'outils automatiques**

Nous avons déjà parlé des outils automatiques qui vous permettent de liker, de commenter, d'envoyer des messages de bienvenue aux nouveaux followers, et bien d'autres choses encore, de manière totalement automatisée. En naviguant sur internet, vous tomberez sûrement sur ce genre de programmes, d'applications ou de sites web, qui promettent d'être "infaillibles", et complètement invisibles pour l'algorithme anti-spam d'Instagram.

Précisons que l'utilisation d'un outil pour poster des photos ou des vidéos de manière programmée n'est pas interdite, d'ailleurs, Instagram lui-même vous permet de le faire. Ce qui est contraire aux conditions de service (que nous avons tous acceptées lors de notre inscription), c'est d'automatiser le reste du compte de quelque manière que ce soit. Soyez prudent avec ces outils, car Instagram devient de plus en plus habile à découvrir les comportements suspects.

Conclusion

Nous voici donc à la fin de ce livre, j'espère de tout cœur que vous avez pu extraire exactement les informations que vous recherchiez pour vous développer sur Instagram. Bien que beaucoup le considèrent comme acquis, Instagram (ainsi que d'autres réseaux sociaux) est une plateforme qui, derrière une apparence simple et intuitive, cache un algorithme extrêmement complexe, sur lequel des équipes d'ingénieurs travaillent chaque jour pour améliorer ses performances. Avec cela, il y a vraiment beaucoup de choses à savoir si vous voulez lancer un profil réussi sur Instagram, et rien ne doit être laissé au hasard.

Ne considérez pas ce qui est écrit dans ce livre comme de simples suggestions pour avoir un meilleur profil, mais plutôt comme des directives qui doivent être suivies à la lettre dans la plupart des cas. Ces lignes directrices sont le fruit d'années d'expérience sur ce réseau social : la bio, le nom d'utilisateur, la rédaction des légendes... tout cela fait partie d'un processus testé et établi qui permet à un utilisateur de représenter sa marque sur Instagram et de créer une communauté solide, fidèle et interactive.

Toutefois, ne pensez pas qu'en suivant ces règles, votre profil atteindra des quantités rêvées de followers en quelques jours, voire quelques semaines. Développer son profil Instagram de manière organique est un long processus, mais qui rapporte gros. Vous n'aurez peut-être pas les mêmes followers que ceux qui les achètent, mais vous aurez des followers qui commentent, plaisantent, vous envoient des messages, achètent vos produits et participent à vos live streams très volontiers. Quel est le prix de tout cela ? Quel est le prix à payer pour avoir une marque, une page Instagram, qui respire, qui a un goût d'authenticité et d'émotion ? Ceux qui achètent leurs followers ne savent pas ce que cela signifie, car ils se condamnent à avoir un profil Instagram qui - à long terme - échouera (cela arrive 99% du temps, je le garantis).

Il faut donc d'abord avoir une vision à long terme, ne pas s'attendre à ce que, dans un mois, votre profil soit en tête des classements. Il faut du temps et du travail pour se faire remarquer dans une communauté aussi vaste. Il faut donc mériter chaque follower, en continuant à établir des relations avec les gens, à collaborer avec d'autres utilisateurs (parfois même en étant rémunéré), à faire un effort sérieux pour créer un contenu de qualité, à interagir avec le contenu d'autres personnes, etc.

En bref, Instagram est vraiment facile à utiliser et sans souci lorsqu'il est utilisé d'un point de vue personnel, mais lorsqu'il s'agit de professionnalisme, alors il devient comme un second travail. La courbe d'apprentissage est assez raide, mais avec ce livre, je pense vraiment vous avoir donné un très grand avantage sur la concurrence.

La prochaine étape ? C'est vous qui décidez. Il faut maintenant passer aux choses sérieuses et commencer à créer un profil original qui puisse se démarquer parmi la masse d'utilisateurs qui s'inscrivent chaque jour sur Instagram. Ne tombez pas dans le piège des outils automatisés, des likes ou des followers achetés, au risque de voir votre profil, et vos followers durement gagnés, disparaître dans la nature. Cela dit, je ne peux que vous souhaiter bonne chance dans ce voyage qui, j'en suis sûr, vous apportera une immense satisfaction !

Stratégie Instagram

Introduction

Si, autrefois, l'activité de marketing d'entreprise ne pouvait être réalisée que par un expert en la matière, les choses changent aujourd'hui. Je ne veux pas dire par là que n'importe qui aujourd'hui est capable de faire du marketing, de développer sa marque avec l'aide du web sans devoir étudier quoi que ce soit ou avoir une expérience préalable. La figure du marketeur est aujourd'hui plus vivante que jamais. Des millions de personnes travaillent dans ce domaine et font passer de nombreuses entreprises au niveau supérieur grâce à leurs compétences.

Mais il est également vrai qu'aujourd'hui, commercialiser sa marque, avec un peu de pratique et d'étude, est possible même pour quelqu'un qui n'a jamais eu à s'occuper de ce sujet. L'internet a vraiment ouvert des millions de possibilités pour tout le monde, et aujourd'hui nous pouvons lancer un magasin virtuel, ouvrir une chaîne YouTube et avoir notre propre "émission de télévision", tout comme nous pouvons ouvrir une page sur Instagram, ou Facebook, ou Twitter, et faire la publicité de notre marque.

Les réseaux sociaux sont les sites les plus visités de l'internet, avec un trafic de personnes vraiment énorme, ce qui en fait un outil essentiel pour toute marque qui veut se développer ces années-ci. Il va sans dire que toutes les meilleures entreprises du marché actuel ont déjà une présence sociale bien établie, précisément en raison de l'efficacité de ces plateformes. La possibilité d'envoyer un message personnalisé à différentes catégories de personnes, de mesurer l'efficacité des campagnes, et bien d'autres aspects de ce type de marketing, en font un outil essentiel pour toute marque en expansion.

Tout au long de ce livre, nous allons passer en revue les meilleures stratégies que j'ai mises en place sur Instagram au cours des dernières années. Ces stratégies ne sont rien d'autre que des outils testés et éprouvés qui m'ont permis de faire croître de nombreuses marques de manière totalement organique. Pourquoi ai-je choisi Instagram ? Pour la simple raison qu'il s'agit de l'un des plus grands réseaux sociaux au monde, et sans doute celui qui connaît la plus forte croissance. Sur ce réseau social, il existe de grandes possibilités de faire connaître votre marque, grâce à des outils créatifs qui vous permettent de faire bonne impression.

Mais est-il vraiment facile de développer sa présence sur Instagram ? Facile n'est pas vraiment le bon mot. Disons que tout d'abord, il y a quelques notions que vous devez absolument connaître, comme le fonctionnement de l'algorithme d'Instagram (ne vous inquiétez pas, vous n'aurez pas à étudier de maths !), de plus, il y a quelques règles à respecter sur le réseau social, qu'avec un peu de bon sens vous éviterez d'enfreindre. En fin de compte, je ne veux pas dire que développer votre présence sur Instagram est exactement "difficile", mais c'est surtout une question de patience et de ténacité. Vous ne ferez pas croître votre profil de manière exponentielle du jour au lendemain, mais il vous faudra du temps avant de voir des résultats tangibles.

Cela dit, je voudrais clarifier quelques hypothèses à partir desquelles je pars dans la rédaction de ce livre :

- **Posséder un smartphone** : cela semble évident, mais ce n'est peut-être pas le cas pour tout le monde. Pour profiter pleinement d'Instagram, vous devez posséder un smartphone sur lequel l'application est installée.

- Vous savez déjà comment l'utiliser : vous devez déjà savoir utiliser les fonctions de base d'Instagram (publier un post, faire une story, commenter).

Voilà, ce sont les deux hypothèses que j'ai gardées à l'esprit en écrivant ce livre. Maintenant, entrons dans le vif du sujet, et passons en revue les bases nécessaires pour pouvoir mettre en place des stratégies efficaces sur Instagram !

L'algorithme d'Instagram

Derrière les photos et les vidéos du fil d'actualité, les commentaires, les likes et les stories d'Instagram se cache un algorithme froid qui régit tout ce qui se passe sur Instagram. Cet algorithme est chargé d'identifier les utilisateurs qui ont des comportements suspects (par exemple, mettre trop de likes dans un court laps de temps, ou écrire des messages privés à un trop grand nombre de personnes), et a également pour tâche de décider quelles publications afficher chez vous, et lesquelles cacher (avez-vous déjà remarqué que vous ne voyez pas toutes les publications des personnes que vous suivez ?)

Comprendre le fonctionnement de l'algorithme d'Instagram est une étape vraiment importante dans l'élaboration de stratégies efficaces à utiliser sur Instagram, car il s'agit essentiellement de comprendre comment pense l'entité à laquelle vous aurez affaire. Même au-delà des stratégies que j'illustrerai au cours de ce livre, connaître l'algorithme est utile car cela vous permettra de développer de nouvelles stratégies basées sur les notions que vous aurez acquises.

Ainsi, la première question qui vient généralement à l'esprit est : comment fonctionne l'algorithme d'Instagram ? Cet algorithme est périodiquement mis à jour par l'équipe d'Instagram, mais il pose essentiellement ses bases sur un certain nombre de facteurs, et varie en fonction du type de contenu. Commençons donc par examiner comment Instagram sélectionne les publications affichées dans le flux (alias l'écran d'accueil).

Algorithme pour les messages

N°1 : Interaction

Si vous avez passé assez de temps sur Instagram, vous avez probablement remarqué que votre flux n'affiche pas les posts de toutes les personnes que vous suivez, mais qu'il y a plutôt certains comptes dont les posts sont affichés plus souvent. Cela se produit parce qu'Instagram ne prend pas seulement en compte les personnes que vous suivez, mais aussi le taux d'interaction avec les posts associés.

L'algorithme est capable de déterminer les types de messages que vous aimez le plus en surveillant vos interactions avec eux, puis il tentera de vous montrer des messages similaires à ceux que vous avez aimés par le passé. En définitive, on peut dire que ce que vous affichez dans votre flux Instagram, est une compilation de toutes les interactions passées que vous avez eues avec les posts de votre flux. Il s'agit donc d'une combinaison des comptes avec lesquels vous interagissez le plus souvent, des publications que vous aimez et commentez, des publications des personnes avec lesquelles vous êtes étiqueté sur certaines photos, etc.

Cela nous amène à comprendre que si nous voulons que nos posts apparaissent plus souvent dans les flux de nos followers, nous devons les inciter à interagir avec eux autant que possible. Avant tout, vous devez bien sûr publier du contenu de qualité afin de stimuler les interactions, mais il est également important de publier vos messages de manière cohérente. Certaines personnes préfèrent poster deux fois par jour, d'autres une fois par jour, et d'autres encore trois fois par semaine. Il n'y a pas de meilleur ou de pire rythme, ce sont des choix qui doivent être faits en fonction de votre page Instagram et de votre public. Ce qui est vraiment important, c'est d'être cohérent avec votre rythme de publication, en évitant de publier une fois par jour pendant une semaine, puis en commençant à publier trois fois par semaine, et enfin en passant à deux publications par jour.

Gardez à l'esprit que poster plus souvent vous donne plus d'occasions d'avoir des interactions avec votre public. Toutefois, si le fait de poster plus souvent risque de compromettre la qualité du contenu que vous publiez (cela s'applique souvent aux artistes), évitez de le faire, car la qualité est le critère le plus important.

L'algorithme d'Instagram a tendance à dévaloriser une page qui publie beaucoup de posts, dont la plupart ont un faible taux d'interaction. Il vaut mieux avoir peu de posts, mais qui sont appréciés par le public (et l'algorithme !).

Mais comment mesure-t-on le nombre d'interactions avec un message ? Par le nombre de likes qu'il a reçu ? En fait, de multiples facteurs influencent le taux d'interaction d'un message. Ceux que l'algorithme considère comme les plus importants sont : les likes, les commentaires, les partages, les vues (ce dernier point ne concerne que les vidéos).

Au moment où vous publiez un post sur Instagram, l'algorithme le montre à un groupe de followers, puis attend et surveille les interactions que vous recevez pendant ses premières minutes. C'est un peu comme si on le mettait en "vitrine" pendant un moment, pour voir quel genre de performance il a, une chance de briller en bref.

Si, au cours des premières minutes, vous recevez peu ou pas d'interactions, l'algorithme montrera votre message à de moins en moins de personnes, scellant ainsi un destin tragique pour votre contenu. Si, par contre, vous obtenez beaucoup d'interactions dans les premières minutes, l'algorithme le montrera à encore plus de personnes, et ainsi de suite : plus vous obtenez d'interactions, plus de personnes verront votre message. Il s'agit d'une croissance exponentielle, où les interactions affectent la visibilité du message lui-même.

#2 : Calendrier

Il est très important de publier du contenu de qualité, mais il est essentiel de savoir **quand** le faire. Puisque les premiers moments de la vie des posts sont ceux où vous devez montrer à l'algorithme votre potentiel, vous devez utiliser tous les outils dont vous disposez pour poster aux moments de la journée où vos followers sont actifs. Pour savoir quand vos followers sont sur Instagram, vous devez d'abord avoir fait le passage à un compte professionnel, puis, depuis votre profil, vous devez appuyer sur "Données statistiques", puis sur "Nombre total de followers". En défilant vers le bas de la page, vous pourrez voir les périodes de plus grande activité, affichées par jours entiers ou par moments de chaque jour de la semaine. Bien sûr, avant de pouvoir obtenir des statistiques assez précises, vous devez être actif sur Instagram pendant au moins quelques semaines.

Une fois que vous avez identifié le meilleur moment pour chaque jour de la semaine, vous devez commencer à poster uniquement à ce moment-là. De cette façon, vous ferez apparaître vos messages au moment où vos followers regardent leur flux, et vous aurez un taux d'interaction très élevé.

Et si vous êtes occupé pendant vos heures les plus chargées ? Si vos followers sont actifs à 3 heures du matin ou pendant que vous êtes au travail, l'affichage peut poser problème. Il existe de nombreux outils (pour la plupart payants) qui vous permettent d'automatiser la publication de vos messages sur Instagram, mais la plupart des gens semblent oublier que Facebook (le propriétaire d'Instagram) **propose un outil entièrement gratuit pour programmer vos publications.**

C'est exactement la raison pour laquelle, plus loin dans ce livre, je vous montrerai cet outil formidable fourni par Facebook, qui vous permet de programmer vos publications afin de pouvoir publier du contenu même pendant que vous dormez ou que vous êtes occupé à d'autres tâches. C'est très utile, car vous pouvez programmer des publications tout au long de la semaine (ou même du mois, si vous le souhaitez !) et rester ainsi plus détendu.

#3 : Relations

L'algorithme d'Instagram cherche également à donner une priorité plus élevée aux publications de personnes que vous connaissez dans la vie réelle (amis, famille) ou dont vous êtes très proche. Instagram tente ensuite de connecter différents types d'interactions afin de deviner les personnes avec lesquelles vous êtes le plus connecté, par exemple :

- Les personnes que vous aimez le plus...
- Les personnes auxquelles vous envoyez le plus de SMS

- Les personnes que vous recherchez le plus souvent dans la recherche Instagram
- Les personnes que vous connaissez dans la vie réelle

Algorithme pour les histoires

Il y a aussi un algorithme d'affichage des histoires qui décide de ce qu'il faut montrer en priorité. En général, les premières histoires que vous voyez sur le côté gauche en haut de la page d'accueil sont celles des comptes avec lesquels vous interagissez le plus (qu'il s'agisse de likes, de commentaires, de publications, de réactions aux histoires, etc.)

L'algorithme se concentre également beaucoup sur l'ordre chronologique des histoires, car il veut vous montrer les histoires les plus récentes des comptes avec lesquels vous interagissez le plus. Si vous interagissez souvent avec un compte, ses stories seront probablement celles qu'Instagram vous montrera le plus fréquemment.

Lorsqu'il s'agit de publier des histoires, les mêmes règles que pour les messages ne s'appliquent pas. Si ces derniers doivent être postés avec une certaine régularité, les histoires permettent une plus grande liberté, et la seule chose importante est de les poster fréquemment. N'hésitez pas à poster une histoire aujourd'hui, trois demain et cinq le jour suivant. En publiant un grand nombre d'histoires, vous pourrez toucher un plus grand nombre d'utilisateurs chaque jour, ce qui vous permettra d'apparaître plus souvent dans leur flux.

Algorithme pour les bobines

Les bobines sont de courtes vidéos musicales, introduites sur Instagram en 2019, qui ressemblent beaucoup à celles que l'on trouve sur TikTok. L'algorithme derrière Reels est resté obscur pendant longtemps, mais Instagram s'est depuis finalement exprimé, révélant son fonctionnement.

Tout d'abord, l'algorithme de Reels accorde une plus grande priorité au contenu original et de haute qualité. Autrement dit, les vidéos "recyclées" à partir de TikTok ou d'autres réseaux sociaux sont immédiatement moins visibles. Par exemple, si une vidéo publiée contient le logo de TikTok ou d'une autre société, elle sera automatiquement moins visible pour les autres utilisateurs. Les vidéos à faible résolution auront également une priorité mineure selon l'algorithme, et seront donc moins vues et feront l'objet de moins d'interactions.

TikTok et Instagram sont deux réseaux sociaux qui se font une concurrence féroce, et cette mesure a été mise en œuvre spécifiquement pour empêcher les influenceurs d'exploiter les deux plateformes avec le même contenu. Dans un post officiel du compte @creator d'Instagram, il a été mentionné que l'algorithme donne la priorité aux bobines qui ont un contenu divertissant, amusant et intéressant. De plus, il est préférable de ne poster que des vidéos qui ont une vue verticale, et qui utilisent de la musique qui se trouve dans la bibliothèque musicale d'Instagram (pour éviter les violations de droits d'auteur).

Algorithme pour IGTV

IGTV est un outil Instagram qui vous permet de partager des vidéos d'une durée maximale de 60 minutes, ce qui vous permet de partager un contenu beaucoup plus détaillé et engageant avec votre communauté. Vous pouvez également publier des vidéos sur IGTV en format portrait et paysage.

Contrairement aux stories, IGTV ne vous permet pas de publier des vidéos directement après les avoir enregistrées depuis l'application. C'est pourquoi vous trouverez ici des vidéos de meilleure qualité, souvent accompagnées d'un important travail de post-production.

Pour tirer le meilleur parti de l'interaction des utilisateurs sur IGTV, l'idéal est de réaliser des vidéos courtes (de 4 à 5 minutes), afin de faire participer les spectateurs autant que possible. Évitez de publier des vidéos trop longues, sauf si vous êtes sûr de pouvoir fournir un contenu intéressant pendant toute leur durée. Si la plupart des spectateurs quittent vos vidéos bien avant la fin, l'algorithme les rendra moins visibles à l'avenir.

Vous pouvez profiter des outils d'analyse fournis par Instagram pour surveiller les performances de vos vidéos. Vous pouvez donc tester des vidéos de différentes longueurs et avec différentes caractéristiques, afin de voir laquelle attire le plus d'interactions de la part de votre public.

Gardez également à l'esprit l'orientation de la vidéo : comme nous l'avons dit, les vidéos horizontales et verticales sont acceptées par IGTV. Cependant, il est bon que votre vidéo ne change pas d'orientation pendant sa durée, car cela pourrait ennuyer les spectateurs et les faire partir.

Pour que l'algorithme d'IGTV préfère votre vidéo et la " mette en valeur ", il est recommandé de publier des vidéos d'au moins une minute, afin de pouvoir les partager sous forme de post et d'attirer encore plus de spectateurs. Pour afficher une vidéo IGTV dans votre flux, assurez-vous d'activer l'option " Afficher un aperçu " lorsque vous téléchargez votre vidéo. Un autre moyen très efficace de générer plus de trafic vers vos vidéos IGTV est d'inclure un lien dans vos stories.

La description de la vidéo est prise en compte par l'algorithme du réseau social, qui l'utilise pour extraire des informations utiles afin de proposer aux utilisateurs des contenus susceptibles de leur plaire. Pour cette raison, utilisez la description pour fournir à l'algorithme les informations qu'il recherche, et ciblez le flux des personnes qui s'intéressent à un contenu comme celui que vous publiez.

Bien sûr, le contenu reste la base de votre succès sur IGTV. Vous pouvez mettre en œuvre les meilleures stratégies pour obtenir plus d'interactions et de followers, mais si votre contenu est de mauvaise qualité, s'il est copié d'autres créateurs ou s'il est inintéressant, les gens ne seront pas disposés à vous suivre et à interagir avec vous en tant que communauté. Soyez vous-même et essayez toujours de proposer un contenu nouveau et original.

Ne vous faites pas bannir d'Instagram

Puisque j'écris un livre qui parle de stratégies pour se développer sur Instagram, et étant donné qu'il y a des conseils vraiment inefficaces qui flottent sur le web et particulièrement dangereux pour la réputation (et l'existence même) de votre compte, j'ai l'impression que je dois écrire un chapitre sur ce que vous ne devez absolument pas faire si vous ne voulez pas que votre séjour sur Instagram soit court.

L'algorithme d'Instagram, en plus de décider quel contenu est digne d'intérêt et quel autre ne l'est pas, a également pour tâche de surveiller l'activité des utilisateurs afin de comprendre qui a un comportement suspect et qui ne l'a pas. Quels sont les comportements suspects ? Il en existe plusieurs, mais en général on peut dire que, selon Instagram, tout comportement répétitif et automatisé (qui suggère le contrôle du compte par un ordinateur) est suspect.

Par exemple, pour liker de nombreux messages consécutivement (avec des pauses très courtes entre l'un et l'autre), ou pour écrire des messages à plusieurs personnes, pour publier de nombreux messages les uns après les autres. Ce sont tous des comportements qui éveillent les soupçons, car ils donnent l'impression d'un compte de spam.

En général, Instagram ne bannit pas immédiatement les comptes qui enfreignent les règles en mettant en œuvre des comportements suspects, mais il commence par des avertissements ou des blocages temporaires. Cependant, si les comportements persistent, alors vous serez confronté à un bannissement complet - c'est-à-dire que vous aurez perdu votre compte Instagram.

Il est généralement difficile d'effectuer tellement d'actions consécutives que vous vous faites bloquer par Instagram, à moins d'utiliser des *outils d'automatisation*. Si vous fréquentez l'environnement de croissance sur Instagram depuis un certain temps, il y a de fortes chances que vous ayez déjà pris connaissance des outils permettant d'automatiser votre compte Instagram. Ces outils promettent une croissance exponentielle de votre compte en un court laps de temps en likant, commentant et postant en votre nom.

De cette façon, votre compte peut créer une communauté sans que vous ayez à lever le petit doigt. Aussi prometteur que cela puisse paraître, l'utilisation de ces systèmes automatisés pose deux problèmes majeurs.

Problème n°1 : le facteur émotionnel est absent

Le premier problème est que toutes vos interactions manqueront de facteur émotionnel. Nous sommes humains et, en tant que tels, nous sommes uniques. L'utilisation d'un système automatisé qui commente et publie à notre place rend nos interactions froides et dénuées de sens. Au lieu de commenter les messages d'autres personnes avec une pensée authentique et originale (qui peut donner le coup d'envoi de la construction d'une relation), le système automatisé laissera un commentaire banal et sans humanité, tel que "Magnifique !" ou "J'adore !". Je veux dire, ce n'est pas exactement le meilleur, n'est-ce pas ?

Pour ceux qui pensent que la croissance d'un compte Instagram ne nécessite que des chiffres et uniquement des chiffres, vous avez tort ! La qualité des chiffres compte plus que les chiffres eux-mêmes. À quoi bon avoir des milliers de followers si seulement une infime partie d'entre eux aiment et commentent vos posts ? Et si une fraction encore plus petite achète vos produits ? Il est beaucoup plus important d'avoir moins de followers, mais qu'ils soient fidèles et réellement intéressés par vos produits ou services.

Ne vous focalisez pas sur le nombre de followers car, en fin de compte, vous n'avez pas besoin de surpasser qui que ce soit. La seule chose qui compte vraiment est la qualité de la communauté que vous construisez, et la réalisation des objectifs que vous avez fixés, qu'il s'agisse de vendre plus, de signer une pétition, de faire connaître une campagne électorale, ou autre.

L'automatisation de votre compte Instagram apporte des résultats médiocres en termes de qualité et, à long terme, nuit à la réputation de votre profil. En plus de cela, ces outils automatisés sont mal vus par l'algorithme d'Instagram (disons qu'ils sont son ennemi numéro un !), et ils entraînent également des conséquences très négatives.

2ème problème : l'algorithme n'aime pas l'automatisation.

Le plus gros problème auquel vous êtes confronté lorsque vous vous lancez dans l'automatisation de votre compte Instagram est le blocage et le bannissement ultérieur de votre compte. Non seulement vos résultats seront très faibles, mais il y a une chance que vous perdiez tout votre compte !

Je suis bien conscient que ces logiciels font des promesses miraculeuses, et il est facile de tomber dans la tentation d'essayer de les utiliser, même pour un petit moment. Ils promettent tous d'être "invisibles" pour l'algorithme d'Instagram, mais la réalité est différente. Il n'y a aucun moyen d'être invisible, car l'algorithme surveille constamment les actions de chaque utilisateur et, dès qu'il détecte un comportement qui semble automatisé, il procède au blocage du compte (généralement pendant 24 heures pour la première fois, et des blocages plus longs par la suite).

Après que l'algorithme a détecté un comportement suspect sur votre compte et vous a imposé un blocage temporaire, votre réputation se dégrade un peu. Qu'est-ce que cela signifie ? Cela signifie que vous aurez moins de visibilité à la suite du blocage, car votre compte est vu sous un mauvais jour. Vous devrez attendre un certain temps avant que votre visibilité ne redevienne ce qu'elle était auparavant.

Non seulement ces programmes ne tiennent pas les promesses qu'ils font, mais en plus, ils sont souvent et fréquemment payants, et vous risquez de perdre de l'argent également. En bref, se développer sur Instagram est un processus qui demande du temps et des efforts, et ces logiciels miracles sont un raccourci qui conduit à des résultats décevants.

Même si vous ne faites pas appel à un logiciel d'automatisation d'Instagram, prêtez attention à vos comportements. Si vous voulez, par exemple, liker de nombreux utilisateurs consécutivement afin de faire connaître votre profil, veillez à mettre un temps de pause assez long entre les actions (quelques secondes seulement), et limitez le nombre de likes que vous mettez en une heure (ne dépassez pas 30 et vous pouvez être tranquille, surtout si votre compte est nouveau). Il en va de même pour les commentaires, les demandes de suivi et les messages directs - tous ces comportements, effectués trop rapidement, peuvent éveiller les soupçons d'Instagram.

En général, à moins que vous ne partagiez des documents allant fortement à l'encontre des conditions générales d'Instagram, être banni du réseau social nécessite une série d'actions inadmissibles. Bref, il faut vraiment persévérer pour aller à l'encontre d'une interdiction, mais il vaut quand même mieux ne pas jouer avec le feu : Instagram est imprévisible !

Programmez vos propres publications

L'erreur que font de nombreux marketeurs novices sur Instagram est de poster leurs photos et vidéos à des moments aléatoires de la journée. Dans la plupart des cas, les messages sont publiés "quand vous avez le temps", ou "quand vous vous souvenez de le faire". Si vous faites une pause à 14 heures, le message est publié à cette heure-là. D'autres fois, vous promettez de poster avant 19 heures, mais vous allez ensuite au bar pour boire un verre, et le post est complètement oublié.

Tant que vous utilisez Instagram avec un compte personnel, c'est-à-dire à des fins *non commerciales*, cela ne pose absolument aucun problème. Tout le monde est libre de poster à tout moment sans avoir à se soucier des conséquences le moins du monde. Après tout, personne n'attend avec impatience ce que nous postons, et nos entrées financières ne dépendent pas de la performance de nos interactions sur Instagram.

Cependant, si Instagram est un outil qui vous permet de développer votre activité, vous devez absolument commencer à vous poser la question suivante : *quand dois-je poster sur Instagram ?* Pour beaucoup d'entre vous, je suis sûr que cette question sera nouvelle.

Après tout, on pourrait croire que l'heure de la journée est une variable indifférente, mais en réalité je peux vous assurer que l'heure de la journée à laquelle vous postez est **déterminante** pour le sort de votre message. Je ne vous dis donc pas qu'il s'agit d'un aspect assez important de la publication, mais que si vous publiez une photo ou une vidéo de haute qualité avec tout ce qu'il faut pour faire du chiffre au mauvais moment, elle n'aura probablement pas de succès.

Publier au bon moment

Le succès sur Instagram n'est pas le résultat d'une série de coïncidences chanceuses, il ne s'obtient pas en achetant des followers ou des likes, et il n'est même pas dû (uniquement) à la publication de contenus de qualité. Créer et maintenir un compte performant sur Instagram est le résultat d'une série de règles à respecter scrupuleusement.

L'une de ces règles importantes est l'heure à laquelle vous devez poster. Nos followers ont sûrement une heure d'activité bien précise, supposons par exemple que vos followers du jeudi ont un pic d'activité à 17 heures. Dans ce cas, si vous postez une magnifique photo à 14 heures, il y a de fortes chances que cette photo ait peu de succès, ou en tout cas que vous n'exploitiez pas tout son potentiel.

L'algorithme d'Instagram devient plus compétitif chaque année, et si vous ne jouez pas toutes les meilleures cartes que vous avez, vous finirez par prendre du retard.

C'est pourquoi, en plus de tous les autres aspects de la publication, il est essentiel de publier au bon moment.

Pour connaître les temps d'activité de vos followers, vous devez d'abord avoir un compte actif (par actif, j'entends poster régulièrement) depuis quelques semaines. Si votre profil n'est ouvert que depuis quelques jours, les données ne seront pas pertinentes, mais c'est mieux que rien.

Pour le savoir, il suffit d'aller sur votre profil depuis l'application Instagram, puis de cliquer sur "Données statistiques" (vous devez passer à un profil professionnel pour voir ce bouton). Ensuite, cliquez sur "Nombre d'adeptes" et faites défiler jusqu'au bas de la page. Vous verrez un tableau à colonnes qui indique les différents niveaux d'activité en fonction des jours de la semaine et des heures de chaque jour.

Prenez donc une feuille de papier et notez, pour chaque jour, le meilleur moment pour poster. Ne vous inquiétez pas pour votre planning, dans un instant nous verrons comment programmer des posts à l'avance avec l'outil Creator Studio. Je vous recommande de **vous fier aveuglément aux chiffres**, de choisir simplement le moment où il y a le plus d'activité dans la journée et de ne pas faire l'erreur de tirer des conclusions personnelles. Comme nous l'avons dit, Instagram est piloté par un algorithme mathématique froid et minutieux qui s'appuie sur des chiffres, donc si nous voulons réussir sur Instagram, nous devons aussi nous appuyer sur des chiffres.

En publiant votre meilleur contenu au bon moment, vous aurez beaucoup plus d'occasions de recevoir des interactions de la part de vos followers dès les premiers instants de la publication. De cette façon, l'algorithme favorisera votre message et le montrera à un nombre croissant de personnes, ce qui augmentera encore plus les interactions qu'il recevra.

Bien sûr, le pic d'activité de nos adeptes peut ne pas correspondre à notre routine. Certains jours, ça peut être la nuit, ou pendant que nous sommes occupés. Dans tous les cas, il y a un risque d'oublier de poster, donc pour éviter cette éventualité, vous pouvez utiliser un outil totalement gratuit fourni par Facebook : Creator Studio.

Utilisez Creator Studio pour programmer les publications

Il existe de nombreux sites web sur Internet qui vous permettent de télécharger des images, des vidéos, d'ajouter des légendes et de marquer des personnes, et enfin de choisir une date et une heure pour la publication du message. Ces outils permettent d'externaliser la publication d'un post à un système automatisé, afin que le propriétaire du profil Instagram n'ait pas à se soucier de le faire manuellement.

La plupart de ces outils sont toutefois payants. Pour une raison quelconque, cela semble passer inaperçu, mais il existe un outil officiel de Facebook qui vous permet de faire exactement ce que tous les autres sites promettent, de manière fonctionnelle et totalement gratuite.

Pour démarrer avec Creator Studio, il suffit de se connecter à "www.business.facebook.com/creatorstudio", ou de rechercher "*Creator Studio*" sur Google.

Une fois sur la page d'accueil, vous verrez l'option de connexion à Creator Studio pour Facebook. Puisque nous sommes intéressés par Instagram, cliquez sur l'icône Instagram en haut, et après cela, cliquez sur "Se connecter à Instagram".

Une fois que vous êtes connecté, le tableau de bord de Creator Studio s'affiche. Dans la barre de navigation de gauche, vous trouverez le bouton "Créer des posts", puis la Bibliothèque de contenu (alias l'historique des posts et des stories liés à votre compte), le Calendrier (un calendrier qui rassemble vos contenus), les Données statistiques (données concernant les interactions de vos followers avec les posts, et sur la bio de votre follower - ce sont les mêmes données que vous pouvez trouver depuis l'application Instagram), et enfin sur Monétisation.

Pour programmer un post, il vous suffit de cliquer sur "Créer un post", puis sur "Flux Instagram". Un menu latéral est alors apparu, avec la possibilité d'ajouter ce que vous voulez à votre message, comme vous pouvez le faire depuis l'application.

Tout d'abord, il y a une zone de texte pour la légende. Vous pouvez y saisir une description de la photo, mentionner des personnes et ajouter d'éventuels hashtags. Plus bas, il y a une case pour ajouter un lieu, et plus bas encore, un bouton pour télécharger des photos et des vidéos.

Une fois que vous avez téléchargé une photo, vous avez la possibilité (en bas de celle-ci) d'y associer des personnes ou de la recadrer. Dans le cas d'une vidéo, vous pourrez également choisir la seconde exacte qui servira de couverture.

Une fois que vous avez finalisé votre message, vous pouvez décider de le publier immédiatement (en cliquant sur Publier), de l'enregistrer comme brouillon (en cliquant sur la flèche vers le bas, puis sur Enregistrer comme brouillon) ou de le planifier (en cliquant sur Planifier). Dans ce dernier cas, il suffit de sélectionner le jour et la date de publication (elle doit être en avance d'au moins dix minutes sur l'heure actuelle), et de cliquer sur Schedule.

Une fois que vous aurez programmé votre message, vous n'aurez plus à vous soucier de rien ! Les serveurs de Facebook se chargeront de tout le travail et, au jour et à l'heure prévus, votre message apparaîtra dans le fil d'actualité de vos abonnés. Rien de plus pratique !

Devenez des maîtres des hashtags

Instagram est un réseau social vraiment énorme, avec plus d'un milliard d'utilisateurs actifs, vous êtes vraiment au milieu d'une foule infinie de personnes. Malgré cette quantité d'utilisateurs, se développer sur Instagram est possible. Enregistrer votre marque et gagner en notoriété, construire une communauté fidèle, obtenir un grand nombre de personnes qui suivent et surtout qui interagissent avec notre contenu, est quelque chose que des milliers d'utilisateurs parviennent à faire chaque jour, avec les bonnes techniques.

Oui, j'insiste particulièrement sur la dernière partie - *avec les bonnes techniques* - car malheureusement, contrairement à ce que beaucoup de gens pensent, pour réussir sur Instagram ne suffisent pas les trois conseils génériques typiques que proposent généralement ceux qui ne connaissent pas l'algorithme, à savoir :

- **Publier du** contenu de **qualité** : bien sûr, un contenu de qualité est **essentiel**, mais ce n'est pas suffisant ! Vous avez besoin de plus, vous avez besoin de *stratégies* qui accompagnent votre contenu pour le rendre aussi viral que possible.

- **Publier régulièrement** : c'est vrai, mais comme nous l'avons vu dans le chapitre précédent, vous devez aussi savoir *quand* publier dans la journée, ou dans la semaine.

- **"Soyez social !" :** je veux dire les gars, je suis désolé de vous décevoir, mais ce n'est pas exactement comme ça que ça marche. Soyons clairs : si votre objectif est d'utiliser Instagram pour voir les photos de vos amis et de votre famille, rester en contact avec eux et rencontrer de nouvelles personnes, alors la suggestion "Soyez social !" est tout à fait pertinente. Mais si, en revanche, nous parlons de vouloir développer le profil Instagram d'une marque pour vendre davantage, alors nous sommes loin du compte. "Être social" ne suffit pas, il faut, comme d'habitude, connaître les stratégies qui peuvent assurer la croissance organique du compte. Bien sûr, établir des liens avec les utilisateurs et créer une communauté est important, mais, je le répète, ce n'est pas suffisant.

Donc, en gardant à l'esprit qu'Instagram est un réseau social vraiment bondé et plus compétitif que jamais, quel est le secret des personnes qui parviennent à faire croître leur profil Instagram de manière organique (excluons immédiatement ceux qui achètent des followers - ils n'ont pas une longue vie, croyez-moi) ? Vous pensez peut-être que ces personnes achètent carrément des publicités, et dans certains cas, c'est peut-être vrai, mais je vous assure que ce n'est pas le seul moyen de se développer.

Instagram, comme de nombreux autres réseaux sociaux, vous fournit un outil vraiment puissant, s'il est utilisé de la bonne manière, qui vous permet d'être remarqué par de nombreuses personnes, puis de faire croître votre profil de manière exponentielle. Cet outil est le **hashtag**.

Un hashtag est un outil qui vous permet de "catégoriser" vos messages. Si vous incluez le hashtag #olimpiadi dans votre post, alors il apparaîtra dans les résultats de recherche des personnes tapant #olimpiadi dans la barre de recherche Instagram.

Certains d'entre vous utilisent probablement déjà les hashtags, sans pour autant en voir tout le potentiel. Malgré le fait que vous les utilisiez dans chaque post, il semble qu'ils ne décollent jamais, en fait, ils restent dans les coins reculés d'Instagram. Le fait est que les hashtags sont un outil au potentiel vraiment énorme, mais ils doivent être utilisés de la bonne manière pour que vos posts deviennent viraux.

Comme si cela ne suffisait pas, de nombreuses personnes sur le net diffusent des conseils peu judicieux concernant l'utilisation des hashtags sur Instagram. Non seulement ces astuces ne sont pas efficaces pour la croissance de votre profil, mais elles sont aussi souvent nuisibles car elles vous font mal paraître aux yeux de l'algorithme. Tout d'abord, voyons comment les hashtags ne doivent pas être utilisés.

Hashtags : comment NE PAS les utiliser

Compte tenu de la quantité de fausses informations qui circulent en ligne, il est normal que nous parlions d'abord de la façon dont vous ne devriez pas utiliser les hashtags. L'équipe d'Instagram est bien consciente du pouvoir des hashtags, et par conséquent, elle sait que de nombreuses personnes peuvent vouloir les utiliser de manière incorrecte. C'est exactement la raison pour laquelle ils ont fait en sorte que l'algorithme surveille l'utilisation des hashtags par les utilisateurs individuels, afin de découvrir toute utilisation abusive.

Essayez de mettre en place des hashtags sans la bonne stratégie, et vous verrez votre profil perdre en visibilité. Ce n'est pas de la magie, ni de la " malchance ", mais simplement l'algorithme d'Instagram qui fait son travail. Cela dit, voyons comment être son ami, et ne pas se faire blacklister par les hashtags.

1) **N'utilisez que des hashtags en rapport avec le post** : combien de fois je vois des posts avec des hashtags qui ne sont pas du tout en rapport ! Par exemple, la photo du voyage à la montagne a été taguée avec le hashtag #newyork ou #beijing2021. Les personnes qui utilisent cette technique veulent inclure des

hashtags très en vogue, afin d'avoir plus de visibilité.

Concernant cette technique, il y a essentiellement deux problèmes : d'abord, l'algorithme d'Instagram utilise l'intelligence artificielle pour reconnaître les contenus inhérents à un hashtag et ceux qui n'ont rien à voir avec lui. Ainsi, la photo dans les montagnes, ou de votre chat, a peu de chances d'être considérée comme éligible pour le hashtag #beijing2021. Instagram ne supprimera pas votre post, mais sa visibilité sera réduite, et le score de confiance de votre profil diminuera.

Ensuite, les utilisateurs d'Instagram pourront également signaler votre post, ce qui diminuera encore votre réputation face à l'algorithme.

2) Utilisez autant de hashtags que **possible** : Instagram limite à 30 les hashtags qui peuvent être utilisés dans un même post. Souvent, les utilisateurs pensent que pour augmenter leur visibilité sur la plateforme, il est nécessaire de tous les utiliser. Ainsi, chacune de leurs publications est remplie à ras bord de hashtags. Ce comportement est considéré par l'algorithme comme du "spam" car, dans la plupart des cas, il est le fait de comptes qui font de la publicité non désirée.

3) **Utiliser les mêmes hashtags** : c'est une erreur très grave qui est commise par de nombreux utilisateurs ! Lorsqu'un utilisateur trouve un ensemble de hashtags qui semblent efficaces, il a tendance à les enregistrer dans les notes, puis à les utiliser pour chaque message qu'il publie. C'est une grave erreur, car ce qu'Instagram veut, c'est que chaque post ait des hashtags inhérents à son contenu.
Je m'explique : il n'y a rien de mal à utiliser une série de hashtags pour chaque post, mais il y a des règles à connaître, que nous verrons un peu plus tard.

4) Utilisez les hashtags **#like4like #f4f ou similaires** : ces hashtags sont utilisés par des utilisateurs inexpérimentés, et ils enlèvent beaucoup de professionnalisme à votre compte. Après tout, vous n'avez pas besoin de les utiliser pour développer organiquement votre profil, car il s'agit principalement d'interactions "artificielles".

Comment tirer le meilleur parti des hashtags ?

Maintenant que nous avons vu les erreurs les plus courantes que vous faites avec l'utilisation des hashtags, il est temps de passer en revue quelles sont les règles d'or à suivre pour tirer le meilleur parti des hashtags. Loin d'être un outil utile, les hashtags font partie des piliers essentiels de la croissance exponentielle sur Instagram. Quelle que soit votre niche cible, la taille de votre marque et la qualité de vos posts, si vous ne connaissez pas la bonne utilisation des hashtags, alors vous aurez du mal à voir une croissance organique de votre profil Instagram.

Ceci étant dit, passons en revue les règles à suivre pour faire le meilleur usage des hashtags.

Diversifiez les hashtags

Les hashtags utilisés pour un post doivent être inhérents au contenu. Comme nous l'avons vu plus haut, l'algorithme est capable de reconnaître les hashtags qui ne sont pas inhérents, et par conséquent de pénaliser la visibilité du post. Lorsqu'il s'agit de choisir des hashtags pour votre message, essayez de les diversifier en deux catégories : les hashtags génériques et les hashtags de niche.

Par exemple, si vous publiez une photo d'un meuble de salon, vous pouvez d'abord utiliser des hashtags génériques comme #furniture #design #livingroom, puis #modernfurniture #whitefurniture et ainsi de suite. De cette façon, vous touchez un public général, mais aussi un public plus spécialisé que celui de votre photo.

L'algorithme d'Instagram adore lorsqu'une photo contient des hashtags très différents mais qui parviennent à décrire précisément la photo. À l'inverse, il pénalise ceux qui utilisent des hashtags non pertinents.

Utiliser toujours les mêmes hashtags dans les posts est mal vu par l'algorithme d'Instagram, c'est pourquoi il est bon de les différencier. Si votre page traite de meubles design, vous pouvez, par exemple, choisir 6 ou 7 hashtags génériques à utiliser pour tous les posts, et 4 ou 5 hashtags plus spécifiques à modifier en fonction du contenu du post.

Modifier l'ordre et le nombre

Poster les mêmes hashtags encore et encore, dans le même ordre et la même quantité, est considéré par l'algorithme comme un comportement de compte "spam". C'est pourquoi il est important, lorsque vous ajoutez des hashtags à votre message, de modifier leur ordre et leur quantité. Si vous ajoutez 11 hashtags à votre message d'aujourd'hui, ajoutez-en 10 à votre message de demain, ou 12. En bref, ce qui compte, c'est de montrer à Instagram que vous ne copiez-coller pas la même série de hashtags, mais que vous essayez d'en ajouter qui sont pertinents pour votre contenu.

Utilisez le bon numéro

Utiliser trop de hashtags dans un même post peut rendre l'algorithme suspicieux et pénaliser votre contenu, mais dans le même temps, en utiliser trop peu met sans aucun doute un frein à votre croissance sur Instagram.

C'est précisément pour cette raison que vous devez utiliser un certain nombre de hashtags sous vos posts, qui se situe **entre 9 et 13**. Ce nombre de hashtags vous permet de ne pas ressembler à du spam, et vous assure en même temps une bonne visibilité et un bon choix de hashtags à utiliser pour chaque post.

Choisir les hashtags en fonction de leur popularité

Examinons maintenant la règle d'or la plus importante de toutes : choisir des hashtags en fonction de leur popularité. Comme beaucoup d'entre vous le savent déjà, chaque hashtag sur Instagram est divisé en deux catégories : les posts les plus populaires, et les posts récents. Dans la première section, vous trouverez les messages ayant le plus d'interactions liées au hashtag, tandis que dans la deuxième section, ils sont affichés par ordre chronologique.

L'objectif que vous devez vous fixer pour avoir une croissance exponentielle est de vous retrouver dans la section des messages les plus populaires des hashtags que vous utilisez, afin d'obtenir une visibilité maximale pour chaque personne qui recherche votre hashtag.

Lorsque vous commencez à taper un hashtag dans la description d'un message, un menu déroulant contenant des suggestions apparaît en dessous. Sous chaque hashtag, vous pouvez lire la quantité de messages qui contiennent ce hashtag particulier - en bref, une indication de sa popularité.

Si votre compte Instagram a, disons, 1 000 followers, alors utiliser exclusivement des hashtags qui ont plus de 20 000 posts est une décision peu judicieuse. Comme votre compte est encore petit, il est très peu probable que vous ayez suffisamment d'interactions pour que votre message se retrouve parmi les messages les plus populaires du hashtag.

Puisque notre objectif est de figurer parmi les posts les plus populaires, nous devons choisir des hashtags qui, pour le moment, sont à la hauteur de nos exigences. Ainsi, si notre compte a 1 000 followers, en supposant qu'il s'agisse de meubles, nous pourrions utiliser les hashtags suivants pour un post :

- #mobilidesign - 6,3 milliers de messages
- #mobilicasa - 2,6 milliers de messages
- #mobiliitaliani - 5 mille messages

- #mobililegno - 1,4 milliers de messages

Pour que nous jouions sur un terrain où nous avons de bonnes chances de finir dans la "vitrine", tout en publiant du contenu de qualité, et au bon moment de la journée. Par la suite, vous pouvez également utiliser des hashtags "hors de portée", qui peuvent toutefois donner une certaine visibilité depuis la section "Récent".

- #mobilivintage - 9,3 milliers de messages
- #mobiliantichi - 17 mille messages
- #mobile - 386 mille messages

C'est le seul moyen pour vous de grimper dans les classements d'Instagram : en utilisant des hashtags compatibles avec votre public, mais aussi en profitant de certains hashtags très célèbres. Si vous pouvez entrer dans la "fenêtre" d'un hashtag avec mille ou deux mille messages de façon relativement facile, alors vous pouvez faire de même avec un hashtag avec cinq mille messages, et ainsi de suite, et voir votre profil se développer.

Tirer parti des émotions

uiconque a passé au moins un peu de temps sur Instagram aura remarqué que ertains comptes reçoivent beaucoup plus d'attention que d'autres. Plus il y a de ollowers, plus il y a de likes et plus il y a de commentaires, il semble simplement ue le contenu de certains utilisateurs parvienne à obtenir un nombre 'interactions exponentiellement supérieur à la moyenne. Mais à quoi est due cette emarquable disparité d'interactions ? La réponse est simple, et se trouve au cœur e chacune de nos actions : les émotions.

es gens interagissent davantage avec les messages qui transmettent des émotions, omme des destinations exotiques, des plats délicieux, des vêtements mpressionnants, etc. Cela ne vaut pas seulement pour les photos et les vidéos sur nstagram, mais aussi pour tout autre type de contenu sur les autres réseaux ociaux. Les gens ne sont plus tellement intéressés par le point de vue technique d'un contenu, mais ils veulent plutôt être activés émotionnellement.

Au cours de ce chapitre, nous allons nous plonger dans le domaine de l'identification des réactions, et de la manière dont vous pouvez les introduire dans votre contenu sur Instagram, afin de toucher vos followers, et de les inciter à interagir davantage avec votre compte. Si vous commencez à appliquer ce que nous allons voir dans ce chapitre, vous remarquerez immédiatement des changements dans votre taux d'interaction avec vos messages.

Il existe vraiment de nombreux types de leviers émotionnels que vous pouvez utiliser pour votre compte Instagram. Depuis que les spécialistes du marketing les ont découverts, ils sont toujours restés en usage, et leur étude n'a jamais cessé. Ceci étant dit, passons en revue les leviers que vous pouvez appliquer dès maintenant pour améliorer l'aspect marketing de votre compte. Ces leviers, une fois que vous les connaissez, deviennent des concepts presque évidents, et c'est le travail de chaque spécialiste du marketing de les utiliser avec leur produit ou service d'une manière honnête et éthique.

Désir

Le désir est une émotion très forte, on peut dire qu'il est à la base de la plupart des actions humaines. Après tout, nous agissons tous parce que nous désirons un certain résultat. Une personne peut avoir, par exemple, le désir de posséder un objet, ou d'avoir l'attention des autres, ou de rencontrer une autre personne. Dans le processus de vente, il est crucial de créer un sentiment de désir chez le client potentiel. Un post sur Instagram qui déclenche le désir chez le spectateur est un levier très puissant.

Implication

Pour la plupart des marques, il est très important de créer une communauté d'utilisateurs qui interagissent activement avec leur contenu. De cette façon, ceux qui font partie de la communauté ont le sentiment de participer, d'une certaine manière, à la réussite de l'entreprise. Les utilisateurs impliqués se sentent tellement liés à la marque qu'ils veillent à la parrainer lors d'occasions sociales, avec leur famille et leurs amis. En utilisant Instagram, vous pouvez impliquer les gens dans les processus derrière vos produits ou services, et vous avez la possibilité d'engager votre communauté d'une manière plus profonde.

Amour

Il ne s'agit évidemment pas du même amour que celui que l'on peut éprouver pour une autre personne, mais il ne fait aucun doute que les gens peuvent tomber amoureux d'un produit ou d'une destination exotique. D'un point de vue marketing, notre objectif est de donner à notre communauté un contenu qu'elle peut aimer. Et si nous sommes un prestataire de services, nous devons réfléchir à la manière de partager une mission que les gens vont aimer.

Vous voulez faire partie de quelque chose

Le désir de faire partie de quelque chose est inhérent à la nature humaine. Depuis des temps immémoriaux, nous nous sommes réunis en tribus et, à ce jour, notre désir de créer des groupes est plus vivant que jamais. Pour de nombreuses petites marques qui créent de petites communautés sur les réseaux sociaux, le désir d'appartenance est l'un des leviers émotionnels les plus efficaces qui soient. Les gens ne veulent pas avoir l'impression de manquer un événement amusant ou d'être oubliés par les autres. Instagram est tout simplement la plateforme parfaite pour créer une communauté qui donne aux gens le sentiment de faire partie de quelque chose.

Gratification immédiate

Tous les spécialistes du marketing savent que la gratification instantanée fait partie de notre génétique. En fait, leur objectif est de pousser les gens à faire des achats impulsifs. Les gens aiment acheter des produits qu'ils peuvent avoir immédiatement, et lorsqu'ils ont envie de faire des achats, il est très difficile de les en empêcher. Stimuler l'achat d'un produit ou d'un service avec le bon marketing signifie également tirer parti du désir de gratification instantanée qui est inhérent à notre personne.

Curiosités

En marketing, l'un des leviers psychologiques les plus efficaces et les plus utilisés est la curiosité. Les gens veulent savoir à quoi ressemble un produit avant de l'acheter, et ils ne peuvent pas le faire avant de l'acheter en ligne. Alors que dans un environnement de vente au détail physique, un produit peut être pris en main et observé avec les cinq sens, dans un magasin virtuel, le seul moyen d'alimenter un fort sentiment de curiosité est d'acheter le produit. Le contenu que vous partagez peut nourrir la curiosité des utilisateurs, ou l'alimenter davantage. Essayez de partager vos produits et services d'une manière qui alimente la curiosité de vos prospects, au lieu de l'étouffer.

Sens de l'urgence

Les offres à durée limitée créent un fort sentiment d'urgence, qui nous incite naturellement à agir. C'est vraiment l'un des outils les plus efficaces utilisés par les spécialistes du marketing, car les gens ont vraiment peur de passer à côté d'une offre temporaire. Par exemple, un produit avec une réduction pendant 24 heures, ou un cours avec des places limitées. Tout cela pousse le prospect à prendre une décision rapidement, ce qui est une raison de plus pour qu'il fasse appel à ses émotions.

Désir de collecter

Les gens aiment collectionner. Avoir une série d'objets du même matériau, ou des photos qui vous rappellent tous les voyages que vous avez faits au fil des ans. Instagram est un endroit idéal pour rassembler tous les moments d'une personne, qu'il s'agisse de voyages, d'aliments que vous avez mangés ou d'animaux domestiques. Tirer parti du désir de collectionner est un excellent moyen d'inspirer vos adeptes.

Exclusivité

Lorsque quelque chose est disponible en petites quantités, les gens ont tendance à le vouloir davantage. En bref, un article rare indique seulement aux gens qu'ils doivent agir rapidement s'ils ne veulent pas le perdre à jamais. Remettre à plus tard et y réfléchir ne sont plus des options, il est donc temps d'agir. De plus, les gens se sentent très heureux de posséder un objet que personne ou presque ne possède. Il n'y a pas que les entreprises qui vendent des produits en édition limitée pour s'assurer de les écouler plus rapidement et à un prix plus élevé.

Justifier l'achat

Les gens se sentent souvent coupables d'acheter quelque chose. Ils aimeraient avoir ce produit, mais ils voudraient aussi éviter de dépenser de l'argent. C'est pourquoi un spécialiste du marketing doit être en mesure de justifier l'achat du client, de le guider dans la rationalisation de sa décision. Après tout, il est désormais connu que les gens prennent des décisions en fonction de leurs émotions, et qu'ils justifient leur décision par la raison. Les gens doivent avoir une raison valable pour se sentir bien dans leur peau.

Mais comment fournir une excuse au prospect ? Il y a plusieurs façons de le faire. Par exemple, une excuse peut être un coupon de réduction ("Je ne pouvais pas ne pas l'acheter, il était tellement réduit"), ainsi qu'une offre comme "Payez-en un et recevez-en trois", ou une offre à durée limitée, ou la livraison gratuite. Créer une justification qui donne une excuse à vos prospects est un signe de marketing efficace, et cela peut être mis en œuvre sur Instagram.

Cupidité

La cupidité est cette émotion qui pousse les gens à se presser devant les portes des magasins avant leur ouverture. C'est ce qui pousse les gens à ne pas attendre leur salaire mais à acheter immédiatement la nouvelle télévision parce qu'elle est en promotion. C'est le désir d'avoir plus, ou de dépenser moins. Nous, les humains, sommes largement motivés par la cupidité, même si nous n'aimons pas l'admettre.

Renforcer la communauté avec des concours

Quiconque a passé suffisamment de temps sur Instagram aura remarqué que certains comptes, souvent dans leurs stories, lancent des concours pour leurs followers. Après tout, il est vrai que la plupart des utilisateurs de médias sociaux utilisent ces plateformes dans les moments d'ennui, pour s'amuser et s'échapper, au moins temporairement, de la vie quotidienne. Lancer des concours est un excellent moyen de tirer parti de ce désir de nouveauté et de surprise qu'ont la plupart des utilisateurs.

Un concours est un moyen d'engager votre communauté dans une activité commune et de renforcer ses liens. De cette manière, votre marque se renforcera, même si vous devez toujours connaître les deux côtés de la médaille, car les concours ont des côtés positifs et négatifs.

Tout d'abord, les concours sur Instagram ne doivent pas nécessairement inclure des prix à couper le souffle comme des voyages au bout du monde, des séjours dans des hôtels de luxe, etc. Je veux dire, les gens, en moyenne, ne sont pas si prétentieux ! Il en faut beaucoup moins pour piquer l'intérêt de vos followers, en particulier ceux qui ont déjà un certain intérêt pour votre marque. Les concours Instagram peuvent également être très simples, comme demander des suggestions pour la légende de votre prochain post. Quel que soit le concours que vous organisez, les règles d'or pour réussir sont d'avoir une bonne idée et de la mettre en œuvre de la bonne manière.

Idées de concours sur Instagram

Tout d'abord, commencez par vous faire une idée du type de concours que vous souhaitez lancer. D'une manière générale, les concours que vous pouvez organiser sur Instagram entrent dans l'une de ces catégories :

- **Avec email :** dans ce cas, l'idée est que vos followers doivent cliquer sur le lien dans votre bio, et être redirigés vers un site externe où ils peuvent entrer leur email. En contrepartie, il y a un certain prix, ou la possibilité de recevoir un prix (un produit gratuit, ou un ebook gratuit, etc.). Le grand avantage de ce type de concours est qu'il vous permet de constituer une liste d'adresses que vous pourrez réutiliser à l'avenir pour contacter vos adeptes. L'inconvénient est que le prix doit être suffisamment intéressant pour inciter vos adeptes à laisser leur adresse électronique.

- **Avec hashtags** : dans ce type de concours, les utilisateurs sont invités à participer au concours en postant une photo ou une vidéo qui contient un certain hashtag dans la légende. Ensuite, la marque sélectionne un ou plusieurs posts (généralement les plus originaux) parmi ceux qui ont tagué le hashtag.

  Sans l'ombre d'un doute, l'avantage est le lien émotionnel que vous allez créer avec votre public, en le faisant participer à la communauté grâce à sa créativité. Cependant, en exigeant des actions assez difficiles (faire un post, utiliser un certain hashtag, et parfois même taguer des amis), certaines personnes pourraient vouloir faire marche arrière.

- **Avec interaction** : enfin, le concours le plus simple de tous. Dans ce cas, il suffit à l'utilisateur d'aimer un ou plusieurs messages, de suivre la page et d'attendre d'être sélectionné.

  L'avantage est qu'il s'agit d'actions très simples, qui ne nécessitent pas de sacrifier du temps ou votre adresse électronique. Bien entendu, le rendement est également moindre, dans le sens où ce type de concours aura un effet de renforcement moindre sur la communauté.

Création du concours

Une fois que vous avez une idée du type de concours que vous souhaitez organiser, il est temps de le planifier. Tout d'abord, choisissez une date de début et une date de fin afin que vos followers sachent quand ils doivent agir, ce qui créera un sentiment d'urgence qui rendra le concours plus excitant. Ceci étant fait, commençons à parcourir les étapes pour lancer ensemble un concours réussi.

1) **Fixer des objectifs** : tout d'abord, vous devez choisir des objectifs très clairs sur ce que vous voulez obtenir de ce concours. Que voulez-vous ? Vous voulez augmenter le nombre de vos followers ? Voulez-vous avoir plus d'interactions avec les messages ? Vous souhaitez augmenter la visibilité de votre marque sur Instagram ? Voulez-vous renforcer votre communauté ? Ce serait bien de pouvoir faire toutes ces choses à la fois, mais un concours a un pouvoir limité, et c'est à vous de choisir ce que vous désirez le plus à ce moment-là.

2) **Choisissez un hashtag** : une fois que vous avez décidé ce que vous voulez retirer de votre concours, choisissez un hashtag unique qui différencie votre concours ! Vous pouvez aussi utiliser un hashtag qui est déjà en vogue, afin de gagner plus rapidement de l'audience pour votre marque.

3) **Choisissez un prix** : pour certains concours, il peut être suffisant de participer à une émission en direct avec vous, ou de pouvoir choisir la légende d'un post, mais de temps en temps, vous devez sortir un prix plus attrayant pour encourager plus de gens à participer. Un prix peut être un essai gratuit de votre service, un exemplaire de votre livre ou un billet gratuit pour un événement. Soyez clair et direct sur votre prix afin que les gens comprennent immédiatement ce qu'ils peuvent gagner (l'ambiguïté est votre ennemi).

4) **Définissez les règles** : il ne faut pas que vos followers soient désorientés et participent au concours sans en connaître les règles. Pour éviter ce genre de problème, précisez dès le départ les règles de participation au concours, telles que le nombre de gagnants, la liste des prix, l'âge requis pour participer, la manière dont le gagnant sera choisi (et si son identité est révélée), etc. En bref, quelles que soient les règles que vous fixez pour votre concours, assurez-vous que tout le monde a la possibilité de participer. En bref, quelles que soient les règles que vous voulez imposer pour votre concours, assurez-vous que tout le monde a la possibilité de les connaître clairement et sans ambiguïté.

5) **Donnez un nom à votre concours** : vous ne voulez pas que votre concours soit anonyme, n'est-ce pas ? Donnez un nom à votre concours, quelque chose de simple, de mémorable et de pertinent pour le concours. Si vous pouvez aussi le rendre amusant, c'est encore mieux !

6) **Faites passer le mot** : tant sur Instagram que sur d'autres réseaux sociaux (si vous les utilisez), commencez à faire la publicité de votre concours et essayez de rassembler le plus grand nombre de personnes possible. Toutefois, n'insistez pas trop sur les publicités, sinon vous risquez de passer pour un profil de spam et de nuire à votre réputation. Essayez également de contacter des influenceurs sur Instagram ou des blogs et de leur demander de faire de la publicité. Si vous disposez d'une liste d'adresses électroniques, utilisez-la pour promouvoir davantage votre concours.

7) **Annoncez le gagnant** : une fois le concours terminé, il est temps d'annoncer le gagnant (à moins que vous ne souhaitiez garder le secret !). Remerciez également tous ceux qui ont participé au concours pour leurs efforts.

Ne faites pas trop de concours dans un laps de temps trop court, au risque de les "dévaloriser". Essayez d'en faire un événement périodique, et veillez à ce qu'ils soient organisés correctement, avec des règles précises et des prix qui stimulent la participation du plus grand nombre.

Collaborer avec des influenceurs

Nous connaissons tous les influenceurs, c'est-à-dire les personnes qui possèdent un grand pouvoir médiatique sur les médias sociaux. Les influenceurs sur Instagram sont généralement bien placés pour capitaliser sur leur communauté durement gagnée en faisant connaître les produits, services ou événements d'autres personnes, et il se trouve qu'Instagram est la plateforme la plus peuplée d'influenceurs.

Cette figure est relativement nouvelle dans le monde du marketing, mais elle a rapidement fait son chemin et désormais l'industrie des influenceurs est une réalité de plus en plus importante. Au cours de ce chapitre, nous allons explorer ce monde, et voir comment vous pouvez collaborer avec des influenceurs pour promouvoir votre présence sur Instagram.

Mais tout d'abord, **qu'est-ce que le marketing d'influence ?** Ce type de marketing est communément défini comme le processus de détection des personnes capables d'avoir un impact (influence) sur ce qui constitue votre public cible. Puis l'établissement de relations et de collaborations avec ces personnes afin de promouvoir votre marque. Il existe un certain nombre de plateformes sur lesquelles les influenceurs opèrent, bien que les plus importantes soient Instagram et YouTube. Ou encore sur Twitter, Facebook, Twitch, des blogs personnels, etc.

Jusqu'à il y a quelques années, la figure de l'influenceur social n'existait pas, ou du moins était très faible, et à sa place se trouvaient les influenceurs des médias de masse. Les influenceurs des médias de masse étaient des personnes célèbres ou ayant un pouvoir de décision (le propriétaire d'une émission de télévision, un speaker de radio, un acteur célèbre, etc.), avec lesquelles vous travailliez pour promouvoir votre produit ou service sur l'un des canaux traditionnels des médias de masse (journaux, télévision, radio...).

Le problème avec ce type d'influenceur n'en était qu'un : le coût. La collaboration avec une chaîne de télévision de taille moyenne pour une émission de fin de soirée a des coûts exorbitants, tout comme le paiement de la publicité à la radio ou dans les journaux et les magazines. Pour les petites marques, les spécialistes du marketing disposant de faibles budgets, les artistes et les auteurs indépendants, ces alternatives étaient absolument inabordables.

Avec l'arrivée des influenceurs sociaux, les choses se sont beaucoup simplifiées et sont devenues beaucoup plus réalisables, même pour les plus "petits" du secteur. En collaborant avec des influenceurs, vous êtes en mesure de sélectionner ceux qui ont une audience plus adaptée à la vôtre, et vous pouvez choisir de travailler aux côtés d'influenceurs de différentes tailles, ce qui vous permet de vous adapter financièrement.

Contrairement aux campagnes publicitaires classiques à la télévision, à la radio ou dans la presse écrite, où vous payez de gros montants pour une seule campagne ("do or die"), en collaborant avec des influenceurs sociaux, vous pouvez diffuser votre campagne auprès de différents individus et canaux de communication de manière très polyvalente. Certaines promotions seront performantes, d'autres moins, mais les chances de succès sont plus grandes puisque l'investissement est *diversifié*.

Le marché des influenceurs sociaux est financièrement abordable, car il existe différents types d'influenceurs, classés en fonction de la taille de leur public. Ainsi, même les petites marques qui font leurs premiers pas sur le marché peuvent obtenir des parrainages afin de se développer. C'est l'une des principales raisons pour lesquelles les influenceurs sociaux sont très demandés aujourd'hui.

Les différents niveaux d'influenceurs

Comme nous l'avons mentionné, il existe différents types d'influenceurs. Ce système de classification est encore relativement nouveau, et sa définition peut facilement varier en fonction de la personne à qui vous demandez. Les blogueurs et les influenceurs définissent les catégories d'influenceurs de différentes manières, mais il semble que l'industrie adopte la norme de cinq niveaux différents d'influenceurs. La façon la plus courante de catégoriser les influenceurs est la suivante :

- **Influenceur local** - 10 à 1 000 adeptes
- **Micro-influenceur** - 1 000 à 10 000 adeptes
- **Macro-influenceur** - 10 000 à 100 000 followers
- **Méga influenceur** - 100 000 à 1 000 000 d'adeptes
- **Influenceur vedette** - plus de 1 000 000 de followers

C'est à vous de choisir le type d'influenceur avec lequel vous souhaitez collaborer. La meilleure idée est de commencer à tester des collaborations avec différents types d'influenceurs et de mesurer un par un l'impact qu'ils ont sur votre marque. Certaines personnes obtiennent de meilleurs résultats en travaillant avec un ou deux méga influenceurs, tandis que d'autres préfèrent créer un réseau dense d'influenceurs locaux et de micro influenceurs. En bref, tant que vous n'aurez pas essayé, vous ne pourrez pas en être sûr. Un conseil que je donnerais est de ne pas trop se fier à ce que disent les blogueurs ou d'autres personnes, mais d'essayer simplement de faire quelques collaborations et d'évaluer ce qui fonctionne pour votre marque.

ombien faut-il payer pour un influenceur ?

: coût d'une promotion par un influenceur n'est pas très précis, car nous parlons un marché qui évolue rapidement. Cependant, nous pouvons donner des stimations de la rémunération que vous pouvez attendre pour chaque type 'influenceur.

n général, les influenceurs locaux et les micro influenceurs n'exigent pas de aiement sous forme d'argent. Ils sont souvent disposés à faire des promotions éciproques, ou en échange d'un produit ou d'un service. Bien sûr, cela varie d'un ıfluenceur à l'autre, mais en raison de la petite taille de leurs comptes, leur objectif st souvent de construire une crédibilité et des relations solides avec d'autres ersonnes, plutôt que de gagner de l'argent immédiatement.

\ un moment donné, les petits influenceurs commencent à prendre conscience de eur valeur lorsqu'ils commencent à recevoir un certain nombre de demandes de romotion, puis à demander une compensation monétaire. La rémunération demandée est bien sûr différente en fonction de l'influenceur, et surtout en fonction de la niche qu'il représente. En moyenne, un influenceur avec 10 000 followers demande 50/60 euros pour un post. Un influenceur avec 100 000 followers demande environ 5 000 euros par post, tandis que si vous avez 500 000 à 1 million de followers, les prix fluctuent de 5 000 à 10 000 euros par post.

Ces prix sont indicatifs, étant donné que les influenceurs changent leurs prix pour se faire concurrence, et que différentes niches ont des prix qui peuvent présenter de fortes incohérences.

Cependant, les followers ne sont pas la seule variable à prendre en compte lorsqu'on travaille avec un influenceur. Une donnée beaucoup plus pertinente est le taux d'engagement ("involvement" en anglais), c'est-à-dire le nombre de likes et de commentaires d'un message. En moyenne, pour chaque interaction d'un post, vous payez de 20 à 60 centimes, atteignant ainsi de 200 à 600 euros pour un post avec 1 000 interactions.

Le prix varie également en fonction de la façon dont vous contactez l'influenceur. Si vous le contactez directement, vous obtiendrez le prix du marché, mais si vous le contactez par l'intermédiaire d'une plateforme, il y aura très probablement des frais de commission.

Comment trouver un influenceur ?

Bien sûr, travailler avec un influenceur pour promouvoir votre présence sur Instagram est vraiment la première étape. Il existe plusieurs méthodologies pour trouver l'influenceur le plus adapté à vos besoins, dont la première consiste simplement à les rechercher sur Instagram. Cependant, il s'agit d'une tâche très compliquée et chronophage qui, au final, ne garantit pas que vous trouverez un influenceur qui correspond à votre public cible.

L'alternative à la recherche manuelle consiste donc à rechercher un influenceur sur une plateforme dédiée. Il existe plusieurs entreprises sur le web qui se placent entre les influenceurs et les marques pour combler le fossé entre l'offre et la demande. Sur ces plateformes, les influenceurs peuvent être enregistrés et classés par nombre d'adeptes, par niche cible, etc. Ainsi, les spécialistes du marketing peuvent facilement trouver les influenceurs dont ils ont besoin. Bien entendu, ce service n'est pas offert gratuitement, certaines places de marché demandent un abonnement pour y avoir accès.

Voici les places de marché pour influenceurs les plus populaires :

- Upfluence : www.upfluence.com
- HYPR Brands : www.hyprbrands.com
- True North Social : www.truenorthsocial.com
- Viral Nation : www.viralnation.com
- Tomoson : www.tomoson.com
- TapInfluence (partie d'Izea) : https://www.tapinfluence.com
- Mavrck : www.mavrck.co
- Julius Works : www.juliusworks.com

Quels services les influenceurs proposent-ils sur Instagram ?

Les influenceurs n'utilisent pas seulement les posts comme un service de promotion, mais il existe de nombreux autres types de services qu'ils peuvent mettre en place au profit de la marque avec laquelle ils collaborent. Examinons les services qui sont le plus souvent proposés :

- **Concours** : un influenceur peut organiser un concours de l'un de vos produits ou services sur son profil.
- **Post ou story sponsorisé :** dans ce cas, l'influenceur va partager un post ou une story où l'un de vos produits est visible, afin de vous sponsoriser sur sa communauté.
- **Mention** : recevoir une mention de l'influenceur dans une histoire ou un article.
- **Code de réduction ou lien d'affiliation** : l'influenceur partagera votre code de réduction ou votre lien d'affiliation avec sa communauté.

Utilisation des publicités sur Instagram

Chaque compte Instagram doit, à un moment donné, commencer à utiliser les publicités fournies par la plateforme. Dans ce chapitre, nous allons explorer les différentes options disponibles pour faire de la publicité sur Instagram, les astuces du métier et comment vous pouvez commencer à utiliser cet outil.

Dès lors que vous souhaitez apprendre à faire de la publicité, vous devez vous concentrer sur deux points bien distincts. Tout d'abord, il y a les enseignements absolument fondamentaux qui nous sont transmis par ceux qui sont (ou ont été) des experts dans ce domaine. Ces personnes ont vécu la croissance exponentielle de la publicité au cours des dernières décennies et nous ont laissé en héritage un tas de livres. Avant tout, apprendre ce qu'ils ont à enseigner est la chose la plus importante de toutes, mais il faut ensuite commencer à se poser une question : qu'est-ce qui fonctionne maintenant ? Du vivant de David Ogilvy, sans l'ombre d'un doute, Instagram n'existait pas encore. Ses principes sont toujours valables, mais ne sont pas très à jour par rapport à la pratique actuelle. Dans le domaine de la publicité, il est vraiment important de suivre l'évolution du temps, car les pratiques qui fonctionnent aujourd'hui peuvent voir leur déclin dans quelques années, voire moins.

À l'heure actuelle, on peut dire que la publicité sur Instagram connaît sa pleine expansion. De plus en plus de personnes passent des publicités sur Facebook aux publicités sur Instagram. Sur Instagram, les possibilités en termes de publicité évoluent à la vitesse de la lumière, il est donc important de se tenir au courant de toute nouveauté.

Bien sûr, avant de se concentrer sur les techniques publicitaires, la meilleure chose à faire est d'apprendre à gérer et à développer votre profil sans publicité. Les profils qui se développent uniquement grâce aux annonces ont généralement une communauté peu soudée et un faible taux d'interaction avec les messages. En outre, connaître les techniques de croissance organique sur Instagram est un élément clé pour développer et maintenir un profil. Mais passons maintenant en revue ce que vous devez garder à l'esprit lorsque vous faites de la publicité sur Instagram :

- **Utilisez la loi des grands nombres** : il y a une chose pour laquelle vous devez mettre votre cœur sur votre manche si vous voulez travailler avec les publicités Instagram : toutes ne fonctionneront pas. Le pire, c'est que vous ne saurez souvent jamais quelle est la raison de leur échec, vous devez simplement l'accepter. Pour cette raison, il ne faut pas avoir peur de faire des erreurs, mais plutôt essayer de semer beaucoup de graines et, sur les annonces qui fonctionnent, investir plus d'argent. Si vous disposez d'un budget important, investissez dans de nombreuses petites annonces bien différenciées.

- **Envisagez l'aide d'un professionnel** : même si la création d'une publicité peut sembler être une tâche amusante et facile, ce n'est pas vraiment le cas. Lorsque je faisais mes premiers pas dans le marketing en ligne, j'étais naïf et je pensais avoir les clés du succès en main. Malheureusement, j'ai vite découvert à mes dépens (des milliers d'euros dépensés en publicité) que créer une promotion est difficile. Il y a ceux qui ont une sorte de talent naturel et qui parviennent à apprendre rapidement, mais pour la plupart des simples mortels (comme moi), demander l'aide d'un professionnel du domaine est le meilleur choix. Bien sûr, vous devrez investir un peu d'argent dans une figurine supplémentaire, mais cela en vaut vraiment la peine.

- **Gérez votre argent** : les publicités sont sans aucun doute un bon investissement, mais il faut être très prudent - il est possible de gaspiller d'énormes sommes d'argent sur des publicités en ligne. La meilleure chose à faire dans ce cas est de fixer un montant à dépenser en publicité chaque mois (ou semaine), et de ne pas le dépasser.

- **Pensez à long terme** : il est facile de se démoraliser si vous dépensez de l'argent en publicité, mais pensez à long terme - vous avez besoin de cet argent pour acquérir de l'expérience et comprendre comment votre profil mérite d'être promu, et comment il ne l'est pas. Si vous avez la bonne stratégie, à long terme, chaque perte sera récompensée.

Utilisation des publicités sur Instagram

Il existe deux principales façons de créer des publicités payantes sur Instagram. Tout d'abord, vous pouvez le faire directement en dessous du contenu que vous avez ajouté depuis l'application Instagram. Tout ce que vous avez à faire est d'appuyer sur le bouton "Promouvoir". Si vous avez déjà fait une promotion pour cet article ou cette histoire, le bouton indiquera "Promouvoir à nouveau". Une fois que vous aurez cliqué sur le bouton, il y aura plusieurs options très simples à suivre. Si vous avez déjà connecté un profil professionnel Facebook à votre compte Instagram et qu'une carte de crédit est liée, la mise en place de la publicité prendra très peu de temps. Sinon, vous devrez d'abord relier votre compte Facebook et votre carte de débit (ou de crédit) pour payer la promotion.

Si vous le souhaitez, vous pouvez également contrôler vos publicités Instagram à l'aide de l'outil "Gestion des publicités pour Facebook". Cet outil vous permet également de profiter des fonctions de rapport et d'autres options avancées, il est d'ailleurs utilisé par les professionnels du marketing.

Les différents types de publicité

Voyons maintenant quels sont les différents types d'annonces qui peuvent être utilisés sur Instagram. Il s'agit d'une plateforme qui évolue rapidement, et d'autres options pourraient être ajoutées à l'avenir, mais pour l'instant, les options sont les suivantes :

- **Photos** : les photos publicitaires sont de loin le type de promotion le plus simple. Elles peuvent être orientées en mode portrait ou paysage, et comporter un appel à l'action en bas de la photo.

- **Vidéo** : les publicités vidéo peuvent être au format paysage ou carré, avoir une durée maximale de 60 secondes et démarrer automatiquement (autoplay). Comme pour les photos, elles comportent un bouton d'appel à l'action en bas.

- **Carrousel** : les annonces carrousel d'Instagram vous permettent d'avoir de 2 à 10 images et/ou vidéos disposées dans n'importe quelle combinaison. Les utilisateurs qui consultent la promotion peuvent faire défiler le contenu. Enfin, comme pour les autres types d'annonces, l'appel à l'action est situé en bas.

- **Histoires** : les publicités dans les histoires sont affichées lorsqu'un utilisateur fait défiler les histoires des utilisateurs qu'il suit. Leur format est vertical plein écran, et ils vous permettent d'utiliser à la fois des photos et des vidéos.

- **Diaporama** : dans ce cas, le contenu se lit comme une vidéo, mais est composé de photos. Vous pouvez également ajouter de la musique et du texte à votre annonce de diaporama.

Sélection de l'audience : les options

La sélection de votre public idéal n'est certainement pas une tâche ardue, puisque, grâce à l'outil de gestion des publicités de Facebook, vous pouvez sélectionner vos prospects préférés en fonction de nombreux critères, à savoir :

1. **Lieu** : vous pouvez sélectionner votre public en fonction de lieux spécifiques tels que des villes et des régions, ou plus généraux tels que des pays entiers.

2. **Intérêts** : touchez certaines personnes en fonction de leurs intérêts. Comment Instagram obtient-il ces données ? Simple, à partir des applis qu'ils utilisent, des

comptes qu'ils suivent et du contenu avec lequel ils interagissent, et des publicités qui les touchent.

3. **Comportements** : utilisez les activités que les utilisateurs ont à l'intérieur et à l'extérieur d'Instagram et de Facebook comme critère de sélection.

4. **Données démographiques** : sélectionnez les utilisateurs en fonction de leur âge, de leur sexe ou de la langue qu'ils parlent.

5. **Audience personnalisée** : concentrez vos efforts de marketing sur un ensemble d'utilisateurs que vous avez déjà identifiés par vous-même.

Choisir un appel à l'action gagnant

Avant de vous guider dans le choix d'un appel à l'action, comprenons ce que recouvre ce terme. Un appel à l'action n'est rien d'autre qu'une phrase créée dans le but de susciter une action chez la personne qui la lit. C'est le ressort qui, dans le processus de marketing, veut pousser le prospect (client potentiel) à agir. Un exemple d'appel à l'action est "Cliquez sur le lien dans la bio pour accéder au webinaire" ou "Rejoignez la liste de diffusion".

Il existe plusieurs types de call-to-actions par défaut dans les publicités Instagram. Voici quelques exemples, qui peuvent varier en fonction de l'annonce que vous choisissez :

1. **Visiter le profil** : cet appel à l'action invite les utilisateurs à visiter votre profil, où ils commenceront, nous l'espérons, à vous suivre, à explorer votre contenu et à cliquer sur le lien dans la biographie.

2. **Visitez l'adresse d'une entreprise** : pour les inscriptions locales, où les prospects pourraient être intéressés par un emplacement de marque.

3. **Numéro de téléphone** : pour les types d'annonces pour lesquelles un appel téléphonique est le meilleur moyen de poursuivre le processus de conversion.

4. **En savoir plus** : un appel à l'action plus générique, invitant l'utilisateur à en savoir plus sur le produit ou le service (utile lorsqu'il existe plusieurs méthodes de contact).

5. **Acheter maintenant** : un appel à l'action très direct qui envoie l'utilisateur vers la page d'achat d'un produit ou d'un service.

6. **Regarder plus** : renvoie l'utilisateur pour regarder une version plus longue d'une vidéo.

7. **Contactez-nous** : une invitation à engager des conversations directes.

8. **Réserver maintenant** : utile pour ceux qui veulent que l'utilisateur prenne un rendez-vous.

9. **Inscription** : utilisé par les personnes qui vendent un cours, ou vous invitent à vous inscrire sur leur site web.

Travailler avec une agence

Si vous ne l'avez jamais fait auparavant, la collaboration avec une agence peut vous sembler une étape un peu effrayante. Vous avez l'habitude de gérer votre compte Instagram comme vous le souhaitez, avec vos propres règles et habitudes, et l'idée que d'autres personnes " s'infiltrent " dans le processus de gestion du compte vous rend un peu nerveux, c'est normal. Cependant, vous devez absolument garder à l'esprit que les avantages de la collaboration avec une agence sont vraiment énormes, et si vous voulez vraiment faire passer votre marque sur Instagram au niveau supérieur, vous devez le faire.

Il y a plusieurs avantages notables à travailler avec une agence. Tout d'abord, vous disposerez d'un groupe de personnes qui sont de véritables *experts* en la matière. Cela signifie qu'il s'agit de personnes qui ont des années d'expérience dans la gestion et la croissance des comptes Instagram de manière organique et dans le respect des règles du réseau social. Ils ont l'habitude de reprendre des comptes Instagram et de les améliorer sous tous les aspects, en connaissant toutes les ficelles du métier. Le recours à une agence peut sembler être une dépense inutile, mais il faut plutôt le considérer comme un investissement : pensez à tout l'argent que vous pourriez économiser en évitant les campagnes publicitaires ratées.

C'est un autre avantage notable de la collaboration avec une agence : les économies. Les annonces sont gérées par des experts en la matière qui sauront utiliser judicieusement et efficacement votre budget, aussi petit soit-il. Faire de mauvaises campagnes publicitaires est généralement la raison numéro un pour laquelle une personne perd autant d'argent sur Instagram, et une agence peut y mettre un terme. Deuxièmement, si l'agence travaille sur votre compte Instagram, vous êtes libre de vous occuper dans d'autres domaines, en gagnant de l'argent par d'autres moyens. Enfin, vous n'êtes pas obligé d'engager des professionnels isolés qui prétendent être payés beaucoup plus cher, et dont vous ne pourrez jamais connaître le niveau réel d'expérience.

Au sein des agences, on trouve également des personnes dotées d'une créativité et de compétences particulières, qui leur permettent de créer des conceptions publicitaires de haut niveau. À l'heure actuelle, les plateformes publicitaires nécessitent des conceptions de haut niveau, et les travaux réalisés par des non-professionnels sont de courte durée.

En outre, il existe un certain nombre d'outils, de systèmes et de procédures particulières auxquels vous n'aurez jamais accès et dont vous ne saurez absolument rien, car vous n'êtes pas un professionnel comme une agence. Le bon côté ? Vous n'en avez pas besoin ! Ils font le sale boulot, utilisent les outils les plus secrets, et vous n'avez pas à vous en inquiéter le moins du monde.

Enfin, un facteur très important, les personnes au sein d'une agence... y travaillent ! Cela signifie que, pendant un certain nombre d'heures par jour, ils se concentrent sur votre compte et utilisent toutes leurs ressources pour le faire fonctionner de la meilleure façon possible. Ils ne veulent pas perdre le client (vous) et font donc tout leur possible pour développer votre marque. À l'inverse, une personne qui gère son compte personnellement peut être moins disciplinée, lançant quelques campagnes ici et là dans une tentative paresseuse d'accroître le compte. Je veux dire, ce n'est pas la même chose, il n'y a pas la même endurance qu'un professionnel rémunéré.

Choisir une agence : les 5 critères de base

Décider si une agence nous convient ou non peut parfois être un choix difficile. Pour ne pas faire de faux pas, il y a de nombreux critères à prendre en compte. Bien qu'il existe de nombreuses agences sur le marché qui ont une expérience profonde et établie dans le domaine de la publicité sur Instagram, toutes ne sont pas fiables, et vous devez savoir comment les reconnaître. Voici quelques aspects auxquels il faut prêter attention avant de faire appel à une agence.

1) L'agence a-t-elle de multiples histoires de collaborations passées réussies et des témoignages de clients satisfaits prouvant les résultats de ses compétences sur Instagram ? Et veillez à ne pas tomber dans le piège ! De nombreuses agences essaient de prendre le plus de clients possible, et tenteront de vous montrer leurs résultats liés à Facebook, YouTube, etc... Vous ne tenez compte que des résultats concernant Instagram, car c'est ce qui compte pour nous.

2) Les responsables de l'agence expriment-ils un enthousiasme sincère à travailler avec vous ? Les agences sont des entreprises et certaines sont prêtes à vous dire tout ce que vous voulez entendre pour travailler avec vous. Il est donc parfois difficile de faire la différence entre la sincérité et le mensonge. Une bonne agence doit essayer de comprendre réellement votre marque et faire preuve de passion pour ce que vous faites. Essayez de savoir si l'agence s'intéresse vraiment à votre réussite à long terme ou si elle veut simplement vous soutirer de l'argent sans s'intéresser à vous.

3) L'agence a-t-elle une vision claire et décisive en ce qui concerne le marketing sur Instagram ? Il existe de nombreuses agences qui prétendent travailler sur n'importe quel réseau social, sans vraiment se spécialiser sur un réseau en

particulier. Ainsi, même s'ils seront très heureux de gérer votre compte Instagram pour vous, ils n'ont pas une vision particulière d'Instagram et un bagage qui leur permet d'exceller dans le marketing sur ce réseau social.

4) Ont-ils un plan d'action particulier et personnalisé pour votre marque ? Soyez curieux : demandez-leur ce qu'ils prévoient de faire, toutes les étapes du processus et, **surtout,** pourquoi chaque action est entreprise. Prennent-ils votre marque comme un travail autonome, ou ont-ils un processus prédéfini pour chaque client ? Ont-ils vraiment prêté attention lorsque vous leur avez parlé de votre concurrence, de votre créneau et de votre public cible ? Essayez de savoir s'ils ont vraiment fait attention à vous ou si vous avez plutôt parlé à l'antenne. En général, une agence dont l'approche est axée sur le client pose beaucoup de questions avant de se mettre au travail.

5) Pouvez-vous bien communiquer avec eux ? Y a-t-il de l'empathie ? Très souvent, une bonne collaboration sur le lieu de travail se résume à la capacité de communiquer rapidement et efficacement avec d'autres personnes. Bien sûr, il n'est pas toujours possible de trouver des personnes qui nous plaisent, mais il est certainement préférable d'éviter de travailler avec des personnes avec lesquelles il est difficile de communiquer et avec lesquelles vous ne vous sentez pas sur la même longueur d'onde.

Différents types d'agences

Il existe actuellement trois types d'activités que les agences travaillant sur Instagram mettent en œuvre. Certaines agences font les trois, d'autres en font deux et d'autres encore se spécialisent dans une seule. Bien sûr, vous pouvez faire toutes ces choses vous-même sans faire appel à une agence, ou vous pouvez vous occuper d'une ou deux, et laisser l'agence faire le reste. En bref, il faut faire preuve d'une certaine souplesse. Le point de départ le plus important est de savoir clairement ce que vous voulez et de comprendre ce que l'agence peut offrir. Les activités des agences sont les suivantes :

- **Gestion du compte :** avoir une équipe de personnes pour gérer le trafic quotidien de votre compte (likes, commentaires, posts...) est un gain de temps incroyable. De cette façon, vous pouvez vous concentrer sur d'autres choses et gagner beaucoup de temps, sans compter qu'un professionnel peut gérer le compte mieux que vous ne le feriez.

- **Collaborations avec des influenceurs :** comme nous l'avons vu dans le chapitre dédié, les collaborations avec des influenceurs sont un excellent moyen de se développer sur Instagram. Ces derniers temps, ce marché est devenu une incroyable opportunité marketing, certaines agences se spécialisant dans la recherche d'influenceurs et la gestion des relations avec eux. Faire appel à des personnes expérimentées peut sans aucun doute vous faire économiser beaucoup d'argent (et de temps).

- **Publicité** : ce type de tâche, confiée à une agence, comprend la gestion du processus créatif de création des annonces, leur mise en place technique, le suivi de leurs performances, la gestion du budget alloué et la transmission des résultats au client. Il y a beaucoup d'agences qui ont commencé par faire de la publicité uniquement sur Facebook, et maintenant elles ont mis l'accent sur Instagram également. Après tout, la plateforme de gestion des annonces de Facebook est également responsable de la publicité sur Instagram.

Agences : différentes manières de payer

Nous avons vu plusieurs aspects très importants à prendre en compte lors de l'évaluation d'une agence. Tout d'abord, il est essentiel de comprendre s'ils ont vraiment les compétences nécessaires pour développer notre marque. Ensuite, nous devons comprendre si leur approche varie en fonction du client, ou s'ils ont la même procédure pour tous. Enfin, vous devez comprendre quel est le coût du service. Bien entendu, cette dernière variable est toujours en tête des préoccupations de la plupart des gens, aussi mettons-nous les choses au clair dès maintenant. En principe, quatre modes de paiement sont acceptés par les agences. Certaines agences en acceptent plus d'un, d'autres non. Quoi qu'il en soit, passons-les en revue.

1) **Prix fixe** : de nombreuses agences facturent un prix fixe pour un nombre donné de services. De cette façon, vous pouvez déterminer très tôt si vous pouvez vous le permettre et cela vous permet également d'allouer une partie de votre budget marketing aux coûts liés à la gestion. En fonction du service fourni par l'agence et de sa popularité, le coût peut aller de 300 à 10 000 euros - tout dépend du calibre de la demande. Il n'est pas possible d'établir un prix unique, vous devrez donc faire vos recherches et demander des devis.

2) **Pourcentage de vos dépenses publicitaires** : Bien entendu, ce type de paiement ne s'applique qu'aux agences qui s'occupent de publicité. Il s'agit tout simplement de vous facturer un pourcentage (disons 10/15/20 %) de vos dépenses publicitaires. En général, les agences qui utilisent ce modèle de paiement ont un minimum de dépenses publicitaires mensuelles.

3) **Prix par campagne** : Dans d'autres cas, les agences facturent un prix fixe pour chaque campagne publicitaire. De cette façon, le budget de la campagne est très clair, et vous pouvez facilement voir si le jeu en vaut la chandelle.

4) **Prix convenu** : le prix n'est pas toujours fourni immédiatement, en fait certaines agences ne vous permettent d'avoir un prix qu'après avoir parlé avec un de leurs opérateurs. De cette façon, ils éviteront de voir les clients "fuir" pour un prix trop élevé sur leur site web. Le prix sera alors le résultat d'une négociation (attention, ils feront tout pour vous convaincre de payer plus cher !).

Travailler avec des agences est une expérience très particulière, surtout si vous ne l'avez jamais fait auparavant. Dans certains cas, cela peut être passionnant et renforcer votre passion pour la stratégie de marque et le marketing, vous pouvez même vous faire de nouveaux amis. Dans d'autres cas, cependant, il peut s'agir d'une expérience démotivante et frustrante, surtout si les personnes avec lesquelles vous traitez ne sont pas motivées et travaillent mal. Cependant, il vaut toujours la peine de commencer votre travail avec une agence sur une note positive, et de partir du bon pied.

Pour être équitable envers une agence avec laquelle vous commencez à travailler, vous devez donner aux personnes qui y travaillent l'occasion de prouver leur valeur. En bref, une agence peut aider le client, mais celui-ci doit se rendre disponible pour être aidé.

D'après mon expérience, la chose la plus importante à garder à l'esprit lorsque vous travaillez avec une agence est d'être transparent et direct. N'omettez aucun détail gênant et n'ayez pas peur de dire que quelque chose ne vous convient pas. Les nœuds finissent toujours par se resserrer, il est donc préférable de tout expliquer dès le départ. Personne n'aime être taquiné, entendre des mensonges ou ne pas avoir une image claire de ce qui se passe réellement. Soyez une personne honnête et explicite dans votre relation avec l'agence, et si vous dites que vous allez faire quelque chose, que vous avez un délai particulier ou que vous mettez un certain budget en jeu, soyez cohérent avec vos actions.

Il est également important d'être de bons communicateurs, ou du moins d'essayer sincèrement. Si des problèmes, des changements inattendus ou des conversations gênantes surviennent au cours du processus et doivent être abordés, ne faites pas l'innocent - au contraire, prenez-les à bras le corps. Il est normal d'être professionnel et d'avoir une communication efficace de votre côté aussi.

Être professionnel, c'est faire ressortir le meilleur de soi-même. Du point de vue d'une agence, il est vraiment frustrant de traiter avec un client qui ne tient pas ses promesses, arrive en retard à ses rendez-vous, change constamment d'avis et ne prête pas attention à ce que vous dites. Si l'agence ne tient pas ses promesses, ce n'est parfois pas seulement de sa faute.

Pire encore que les clients qui ne s'engagent pas, il y a ceux qui pensent qu'ils savent déjà tout. Premièrement, il y a les personnes à l'esprit fermé, qui rejettent toute innovation et ont peur du changement. Ensuite, il y a le client qui pense déjà tout savoir et qui veut tout diriger dans l'agence. Tous ces comportements sont préjudiciables au succès d'une campagne de marketing, ou à la gestion des comptes en général.

Conclusion

Nous voici donc à la fin de ce livre. Nous avons abordé plusieurs questions, même très différentes les unes des autres, mais toutes en rapport avec le même objectif : créer un compte Instagram à succès. Parce qu'en résumé, avouons-le, aujourd'hui un compte Instagram est absolument nécessaire si vous voulez développer votre marque, et peu importe qu'il s'agisse d'une entreprise en ligne, d'une multinationale ou d'une petite boutique à la campagne. Les médias sociaux peuvent aider tout le monde, et même les plus petits peuvent trouver leur propre petit espace et tirer profit de ces plateformes.

Bien qu'Instagram ne soit pas le réseau social le plus utilisé, il fait certainement partie de ceux qui se développent le plus rapidement, et beaucoup de choses intéressantes s'y passent. Avec les outils que je vous ai fournis dans ce livre, vous disposez de stratégies qui peuvent vous aider efficacement à créer une présence sur Instagram.

Cependant, gardez toujours à l'esprit qu'il n'existe pas de méthodes faciles, de stratégies qui fonctionnent à 100 % ou d'astuces pour éviter un bannissement d'Instagram tout en faisant des choses illicites. Sur Instagram, tout doit être gagné par le travail, le temps et la sueur. Les résultats ne viennent pas toujours en peu de temps, et il faut toujours une approche axée sur le cas individuel. Tous ceux qui vendent des cours ou des logiciels "miracles" qui promettent de gagner des milliers de followers, d'augmenter l'engagement avec une série d'étapes précises vous trompent.

En revanche, une stratégie efficace sur Instagram ne nécessite pas le budget publicitaire dont disposent les grandes entreprises. La publicité, si elle est bien faite, ne devrait pas avoir un impact important sur votre budget total. Comme mentionné, l'engagement et le travail sont la meilleure chose que vous pouvez investir pour obtenir un bon retour de votre marketing sur Instagram.

Par ailleurs, si vous préférez ne pas utiliser votre temps ou la plupart de vos efforts, engagez une agence qui correspond à vos objectifs et à vos valeurs, et qui peut vous aider à les atteindre. N'oubliez jamais : lorsque vous cherchez une agence pour vous aider, faites toujours vos évaluations sur la base de ses antécédents ! Ne vous laissez pas berner par des promesses - tout le monde peut en faire ! Exigez qu'ils vous montrent les résultats réels qu'ils ont obtenus dans le passé, et exigez la plus grande transparence possible. Si une agence refuse d'être claire et ne vous montre pas ses résultats, il est temps de passer à la suivante. Exigez toujours des preuves de réussite mesurables et prouvées de manière concrète, ou ne leur donnez pas votre argent.

La chose la plus importante à retenir dans tout cela est que vous avez un objectif, et que cet objectif doit être partagé avec le plus grand nombre de personnes possible afin de les aider. Lorsque vous faites correspondre ce que vous faites avec les besoins des autres, vous résolvez leurs problèmes et rendez donc leur vie plus heureuse. Le marketing sur Instagram met les outils entre vos mains pour créer la marque, le message, la mission, le public cible et l'entreprise que vous souhaitez créer. À partir d'aujourd'hui, vous pouvez commencer gratuitement en créant un compte maintenant, et commencer à atteindre des personnes du monde entier avec votre message. Cependant, vous devez prendre la mesure que la plupart des gens ont peur de prendre toute leur vie : le premier pas. Ne remettez pas les choses à plus tard, ne réfléchissez pas trop, agissez et vous verrez que si quelque chose n'est pas clair pour vous maintenant, il le sera plus tard, au fur et à mesure. Si, à l'avenir, vous avez encore besoin d'éclaircissements, ou si votre mémoire vous fait défaut, revenez aux pages de ce livre et parcourez-les aussi longtemps que vous le souhaitez. Cela dit, il ne me reste plus qu'à vous souhaiter le meilleur !

Printed by Amazon Italia Logistica S.r.l.
Torrazza Piemonte (TO), Italy

33665442R00059